わたしの旅ブックス
002

旅がグンと楽になる7つの極意

下川裕治

産業編集センター

はじめに

周りから、人が真似できないような旅のテクニックをもっているかのようにいわれることがある。月に一回から二回、あまり観光客が行かないようなエリアに足をのばし、それを本にまとめているから、そう思われるのは当然かもしれない。

しかし本人には、そんな意識がまるでない。そういうと、謙遜と受け止めてしまう人もいるだろうが、僕が旅の達人というのは、本という世界のなかで育ってしまった虚像だと思う。こういうのもなんだが、僕は普通の旅行者だと思う。深夜というか、早朝に出発するLCCに乗るときはやはり気が重い。これまで何回か、寝すごしたり、時刻を勘違いして、飛行機に乗り遅れたことがある。それがトラウマにもなっていて、無事にチェックインが終わったときはいつも安堵する。

忘れ物も頻繁だ。先日もベトナムのホーチミンシティの宿に、洗面道具と薬を忘れてしまった。気づいたのは、タンソンニャット空港。搭乗直前だった。慌てて電話かけた。ベトナム在住の日本人が受けとってくれた。

日本に送ることになるのだが、問題は薬だった。

僕には不整脈という持病がある。自覚症状はないが、血液の凝固度をコントロールする薬を毎朝、飲まなくてはならない。夜行バスに乗り、知らない街に着いた朝、バスターミナルのベンチで鞄から薬をとり出す。

薬を日本に送るといっても、危険ドラッグを防ぐため、郵送といった手段を使うことができない。誰かホーチミンシティから日本に帰る人はいないだろうか……。

旅に出ても振りまわされているばかりだ。

六十歳をすぎてから、よく風邪を引くようになった。子供の頃、風邪に弱い体質だった。大人になり、あまり風邪を引かなくなったが、体質が変わったわけではなかったようだ。子供の頃は、高熱が出た。いまは大崩れはしないが、なかなか抜けない。調子が悪い日々が続く。つまり老人性の風邪というわけだ。

それでも旅に出る。

旅は楽しいことばかりではないが、やはり目の前の風景が変わっていくことが心に届く。何回訪ねた街でも、違った顔をのぞかせる。世界は旅人には関係なく動いているのだ。

そのなかで僕の旅も変わってきた。世界の空には、LCCという運賃の安さを売り物にする航空会社群が登場してきた。旅の足は安いほうがいいというポリシーだから、この航空会社に飛びついた。しかし何度となく乗っているうちに、疑問も芽生えてくる。

インターネットの普及は、僕の旅を大きく変えた。ホテルの予約は、インターネットを通して簡単にできるようになった。いままで、そしてこれからも、「今日、どの街に着くかわからない」という旅行者だろうから、あまり縁はないように思っていたが、ホテルのインターネット予約の勢いは留まるところを知らない。エリアによるが、インターネットを通したほうが安くなることは珍しいことではなくなってしまった。

インターネットは街なかでもつながるようになり、路上でいまいる場所や、周辺の地図が画面に出るようになった。そんな変わる旅のツールのなかで、僕は悩んでいた。これまでの馴染みの旅のスタイルと、新しい旅のスタイルがせめぎあいはじめたのだ。

これからの僕の旅のスタイルが変わっていくだろうが、常に、新しい旅との兼ね合いのなかで決まっていく気がする。

僕流の旅にするか、新しい旅に変えていくか。その判断基準は、「どちらが楽？」ということではないかと思う。これまでの旅のスタイルを貫くほうが楽に旅ができるのか。それとも、新しいツールを使いこなしていったほうがスムーズな旅ができるのか。

本書はそんなせめぎあいのなかから生まれてきた一冊といってもいい。僕自身、迷っているところもあるから、ときに歯切れは悪いかもしれない。どうしても、これまでの旅のスタイルに固執しがちだから、どこか我田引水も漂っているように受けとる人もいるだろう。そのあたりの取捨選択は、最終的に読者の皆さんなのだが……。

これまでの旅──。そしていまの旅。そのなかから、僕のスタイルを模索しているが、少しでも、旅が楽になる要素に出合えれば、それを実践してみてはどうだろうと思っている。

旅をグンと
楽にする
7つの極意
目次

写真／下川裕治

第一章

LCCには乗らない

安さに惹かれて乗ってはみたものの……

日本から海外に向かう航空券は、ここ二十年ほどの間に、ずいぶん安くなったと思う。正確にいえば、安い航空券を簡単に買うことができるようになったということだが。

かつての世界の空は、レガシーキャリアと呼ばれる既存の航空会社で染まっていた。日本でいえば日本航空や全日空である。そのなかにローコストキャリア、LCCが登場してくる。いまやLCCのシェアは、航空業界の三十〜六十パーセントともいわれる。安い航空券を手軽に買うことができるようになった環境のなかでは、LCCの存在が大きい。

しかし僕の周りを眺めると、LCCへのつきあい方はふたつにわかれる。

親LCC派と嫌LCC派である。この両派はみごとなほどに色わけされている。年齢や性別は関係ないように映る。

親LCC派は、旅の足という話になると、海外や国内を問わず、まずLCCを考える。安い航空券を買うことは当然のことという発想である。旅が安くなることはなによりもありがたい。LCCが登場した頃の僕がそうだった。

嫌LCC派は、その世界に触れようともしない。「狭い」、「サービスがない」、「運航時間が悪い」……などとLCCの欠点を機関銃を撃つように並べる。その話しぶりを耳にすると、少し苦しげにも聞こえる。もうLCCの時代なのだろうが、最初の一歩を踏みだせない。そんな苛だたしさが見え隠れしてしまう。

そのほかに、飛行機を頻繁に使う人たちのなかに、レガシーキャリアとLCCの両刀遣いというややこしいグループがある。レガシーキャリアのマイレージプログラムに縛られている人たちだ。彼らはまず、マイルを貯めるためにレガシーキャリアを考える。同時に費用対効果が頭のなかを駆けめぐり、あまりにレガシーキャリアが高いとLCCに流れていく。

もの知り顔の書きだしになってしまったが、では、僕がどうしているかという話である。ここからがちょっと寂しさが募ってきてしまうのだが、僕自身、LCCはできるだけ乗りたくはないと思っている。しかし、つい安さに惹かれて乗ってしまう。主体性がないというか、金額に弱い乗り方をしている。

那覇空港に着いたピーチ・アビエーション。ほぼ満席だったが、日本人は数人だった

二〇一七年、バンコクから沖縄の那覇までピーチ・アビエーションに乗った。以前からこのルートはときどき使っていた。台北経由のチャイナエアラインを利用することが多かっただろうか。ピーチ・アビエーションの登場で、運賃は大幅に安くなった。直前に予約したが片道七千円ほどだった。タイ人に訊くと千五百バーツ、約四千八百円ぐらいのときもあったという。こういう話を聞き、迷いもせずに、ピーチ・アビエーションのサイトを開いてしまったのだが、やはりLCCだった。

出発は午前二時台だった。つらい時間

帯である。那覇まで約四時間半、寝ていけばいいとは思うのだが、狭いLCCの機内ではそう眠ることはできない。

客室乗務員は全員が日本人女性だった。普通の日本人に比べて化粧が濃かった。キリッというよりきつい……という印象を受ける。

客室乗務員が濃い目の化粧という流れをつくったのはエアアジアのように思う。アジアのLCC界を牽引してきた航空会社だった。

クアラルンプールを拠点に飛びはじめた頃、僕もよく乗った。小躍りしたくなるほど安かった。チェックインカウンターの女性はそれほどでもなかったが、客室乗務員の濃いアイラインや口紅は、安さにつられて座席を埋めた乗客の間でも話題になった。僕はLCCとは直接に関係ないような気がして、「CEOのトニー・フェルナンデスの趣味らしいですよ」という話を素直に受け入れていた。

それから何回、いや何十回となくLCCに乗っているうちに、この化粧の濃さが鼻につくようになってきた。そう考えると、あの早口の英語の機内放送も気になりだしてしまう。乗客ができるだけ注文しにくい雰囲気をつくりだそうとしている……。

ＬＣＣはサービスを省略することで安い運賃を導いている側面がある。レガシーキャリアのように、「ジュースを一杯ください」、「毛布はありますか？」といった注文はまずない。そういったサービスを有料にしているから、乗客の多くは注文などしない。

しかし乗客のなかには口を開く人もいる。「このまま飛行すると、到着時刻はいつ頃？」、「少し機内が寒いんですが」……。そんな質問はある。

ＬＣＣが運賃を引きさげることができる理由はいくつかあるが、いちばん効力があるのは人件費ではないかともいわれる。ＬＣＣは価格破壊を起こしたが、それを実現させたのは、航空会社の社員は高給という意識を崩したことだという説だ。

給与の比較はなかなか難しいが、一説にはレガシーキャリアに比べ、パイロットで半分、客室乗務員で三分の一といわれる。それでいて、ＬＣＣの客室乗務員は機内の掃除もしなくてはならない。フライト中の仕事を減らそうとするのは当然のことで、それが濃い化粧の背景のようにも思えるのだ。

バンコクから那覇に向かう便の乗客の八割はタイ人だった。彼らの多くは英語を流暢に話せるわけではない。そこへ濃い化粧の日本人女性から、早口英語でまくしたてられたら、どうしても萎縮してしまう。おとなしく座っている彼らが少し可哀そうだった。控えめな化粧で、「サワディーカー」とたどたどしいタイ語を口にしながら、笑顔で迎えてくれたら、彼らも口を開いたのかもしれないと思う。

僕は日本人だから、

「あの……水をもらえますか」

と日本語を口にする。

「すいません、有料なんですが」

その受け答えはごく普通の日本人女性だった。

こういうLCCの対応はやはり不愉快だ。サービスを省略していることをとやかくいっているのではない。それがLCCだと思っている。乗客の多くも納得しているはずだ。それでいいではないかと思う。必要以上に乗客を萎縮させる必要もない。レガシーキャリアの客室乗務員にしても、本心は乗客におとなしくしていてほしいと思っている。しかしそれを乗客に感じさせないノウハウを培ってきた。その意味ではレガシーキャリアのほうが狡猾なのかもしれないが、乗客というものは飛行機に乗っている間だけ心穏やかにすごすことができればいいのだ。

LCCが急速にシェアをのばす前に、僕はレガシーキャリアに乗りすぎたのかもしれない。はじめからLCCの空気に浸っていれば、こんなものですよ……と受け入れるのかもしれないが、やはり気になるのだった。

LCCはもうそんなに安くない

できればLCCには乗りたくないと思う。しかしLCCは安い。そのへんが苦しいところなのだ。

二〇一〇年が日本のLCC元年と呼ばれている。それまで関西空港にオーストラリアのジェットスターが就航していたが、その年に中国の春秋航空、そしてマレーシアのエアアジアXが乗り入れたからだ。

僕の周りにはアジアに出向く人が多いから、羽田空港とクアラルンプールを結んだエアアジアXはずいぶん話題になった。エアアジアXも片道五千円、八千円といったキャンペーンを打ち出したから、知人たちはいつもそわそわしていた。頻繁にエアアジアXに乗るようになった彼らは、クアラルンプールのLCCTというローコストキャリア・ターミナルをアジアの母港とまで呼んだ。

乗らなくてはいけないだろうな……とは思っていた。当時、僕はLCCに関する原稿をいくつも書いていた。アジアでは頻繁に乗っていたから、その体験をもとに筆を進めていた。発売される雑誌には、「個人旅行が変わる」、「往復一万円でアジア旅」などといった見出しが躍っていた。そんな立場にいたわけだから、早くエアアジアXには乗らなくてはいけなかった……と考えているうちに年月がすぎてしまった。

ようやく乗ったのは二〇一七年のことだ。当時もいまも、バンコクを基点にして航空券を買っていることも乗るのが遅れた理由のひとつだとは思うが、いい訳にすぎない。なかなか腰があがらなかったのだ。できればLCCに乗りたくはない……という意識がエアアジアXを遠ざけてしまっていた気がする。

日本を出発するＬＣＣの前で尻ごみしているうちに状況が変わってきてしまった。ＬＣＣが高くなってきたのだ。そのあたりは東京とバンコクを結ぶ路線を見るとよくわかる。試しに二〇一七年の十二月六日出発、十二月十三日帰国の便を九月の時点で、スカイスキャナーという検索サイトで比べてみる。

中国国際航空	三万二百四十円
ベトナム航空	三万千二百四十円
香港航空	三万二千四百二十円
スクート	三万五千二百十五円
中国東方航空	三万五千七百二十八円
アシアナ航空	三万七千二百五十六円
エアマカオ	三万七千八百八十九円

このなかでＬＣＣといわれる航空会社はスクートしかない。かつて多くの旅行者が利用

したクアラルンプール経由のエアアジアは五万二千四百八十円もする。LCCはもう安くはないのだ。LCCの場合、機内食や預ける荷物は有料である。エアアジアには、二十キロまでの荷物を預け、機内食が一食、そして座席指定代がセットになったバリューパックがある。これはプラス七千八百円である。

つまり、レガシーキャリアとLCCの運賃差はさらに広がることになる。東京とバンコクを結ぶ路線に限れば「LCCは安い」という時代は終わっている。

LCCは中短距離の運航を得意にする航空会社群である。使っている機材も中型機が圧倒的に多い。百八十人から二百人ほどが乗ることができる。エンジンとのバランスがいいのだろうか。燃費がいいという。飛行時間は五時間ほどまでだ。実際のLCCは一時間から三時間ほどの区間を飛ぶことが多い。このスタイルで一気に路線を増やしてきた。その勢いに乗って長距離路線に乗り込んできた。東京と東南アジアのクアラルンプールやバンコクを結ぶ路線は長距離路線になる。エアアジアやシンガポールのLCCであるスクートが大型機を買い、参入したのだ。

しかし長距離路線はレガシーキャリアの牙城だった。危機感を抱いたレガシーキャリアは対抗策に出てくる。運賃をさげてきたわけだ。長距離路線は機内サービスへの依存が高くなる。機内食を楽しみにする人もいる。シートテレビで観ることができる映画も人気だ。集客や運航の面でもレガシーキャリアには一日の長があった。

今後、どう状況が変わっていくかはわからないが、日本とバンコクを結ぶ路線ではLCCは失速してしまった。運航がはじまった当時の勢いはない。

LCCは安い……という認識は捨てたほうがいい。僕のようにLCCの機内に流れる空気に違和感を覚えてしまうタイプにはありがたいことだった。もっともレガシーキャリアの運賃がここまでさがってきたのはLCCが参入したおかげでもある。LCC効果ともいえるのだが。

人気を集めそうな〝MCC〟

リタイヤしたシニアのなかには、バックパッカー旅をしてみたいと思う人が少なくない。バックパッカーの旅のスタイルは、旅の費用をできるだけ抑えることだから、当然、飛行機はＬＣＣと思っている人がいる。しかし、そうとはいえないのだ。シニア世代は機内サービスというものを十分に享受してきた。そんな人たちは、ＬＣＣを避けてもいい。それが最も安くなることも多いからだ。

しかしこの状況は中短距離の世界になると一変する。

僕は東南アジアで頻繁にＬＣＣを利用するが、理由は単純で、ＬＣＣしか就航していない路線が少なくないのだ。たとえばタイ。バンコクから南部のトランまで行こうとする。検索して出てくるのは、タイ・エアアジア、ノックエア、タイ・ライオン・エアというタイのＬＣＣだけなのだ。この三社をあわせると一日九便も就航しているのだが、レガシーキャリアは一便も飛んでいない。いくらＬＣＣを嫌っていても、こうなると乗らざるをえない。タイに限らず、マレーシア、シンガポール、インドネシアなどは、国内線や短距離路線はＬＣＣに任せてしまうといった傾向すらある。日本人の嫌ＬＣＣ派は苦しい立場に立たされてしまう。ＬＣＣには乗らない……という意志を貫くことが不可能な時代になりつつある。ＬＣＣのシェアが、東南アジアでは五十パーセントを超えているという事実は、そんな現実を突きつけてくるわけだ。

世界の流れを見ていると、長距離はレガシーキャリア、中短距離はＬＣＣという色分けが今後、より濃くなっていく気がする。日本発でいったら、ソウル、上海、台北、香港といったところまではＬＣＣ、そこから先に行こうとするとレガシーキャリアということになる。いまのところ、この選択がいちばんリーズナブルで、安いように思う。

しかしここにきて、ＬＣＣとレガシーキャリアの中間を担う航空会社が出現してきている。東京とバンコク間で調べた運賃を振り返ってみてほしい。三番目の安さにつけている香港航空である。あまり耳にしなかった航空会社かもしれない。

この航空会社が担っているのが、ＬＣＣとレガシーキャリアの中間クラスの位置に思える。いまだ特定の呼び方はないが、ミドルコストキャリア、ＭＣＣとでもしておこうか。タイ国際航空の別ブランドであるタイ・スマイルも同じ狙いがあるような気がする。

ＬＣＣは安いが、感覚的に好きになれないという人は少なくない。それは日本人だけでなく、アジアにも多い。ＬＣＣという航空会社群が与える無言のストレスのようなものを嫌っている層といってもいい。しかし運賃を見ると、やはりLCCは安い。「短い距離だから、まあ、いいか……」とLCCに乗る人たちだ。

香港航空とタイ・スマイルにはしばしば乗る。預ける荷物は無料で、機内食も出る。シートテレビもあり映画も観ることができる。その意味ではレガシーキャリアと変わりはないのだが、サービスのレベルを少し低く設定している。香港航空の機内食はホットドックと飲み物だったこともある。機内で観ることができる映画のバリエーションも少ない。

タイ・スマイルはタイ国際航空のマイレージプログラムには加算されるが、タイ国際航空が加盟しているスターアライアンスのマイレージプログラムには加算されない。レガシーキャリアのサービスの質を少しだけ落とし、運賃を安くしているわけだ。

香港航空は中国人が多いが、タイ・スマイルは、タイ人のシニア層が多い。嫌LCC派の受け入れに成功しているようにも映る。日本人のシニアも、このMCCを利用する人が増えていくかもしれない。

〈レガシーキャリアで気をつけたい乗り継ぎ時間〉

東京とバンコク間で調べた運賃をもう一度見てほしい。中国国際航空、ベトナム航空、香港航空と中国東方航空が安い運賃を出している。しかしこれらは直行便ではない。途中の空港で乗り換えなくてはならない。直行便となるとだいぶ高くなる。世のなかはそれほど甘くないわけだ。

ベトナム航空はホーチミンシティかハノイ、香港航空は香港で乗り換えることになるが、一応、乗り換え時間にも気を遣っている。しかし、空港での乗り換え

タイ・スマイルの機内食。無料だ。たぶんタイ国際航空と同じ内容

時間が十時間などという組み合わせを平気で出してくるのが中国系航空会社だ。中国国際航空は北京か上海、中国東方航空は上海で乗り換えることになるが、安さに誘惑されてしまうと、ややつらいことになる。

「いや、やけに時間がかかるなとは思ったんですが、とにかく安いから……。でも、次はやめます。十一時間の待ち……長すぎます」

バンコクまで中国系航空会社を使った知人からそう聞いたことがある。さまざまな検索サイトがあるが、スカイスキャナーで出てくる中国系航空会社は予約の前に、一度、乗り換え時間を考えたほうがいい。レガシーキャリアの場合は、通常の旅行会社も扱っている。僕は乗り換え時間が短い組み合わせの料金を問い合わせてみることもある。

逆に乗り換え時間の長いものをあえて選び、その間にその国に入国し、知人に会うなり、その街を楽しむ方法もある。ただしこの方法は、その国のルールとビザがかかわってくる。一般に二十四時間以内の乗り換えなら追加料金がかからずにその国に入ることができることが多い。アジアの場合は多くの国で日本人はビザが免除されているが、ミャンマーやバングラデシュはビザが必要になる。

〈航空券を決めるための値頃感〉

ＬＣＣにしろ、レガシーキャリアにしろ、検索した運賃が安いのか、高いのか……。それを左右するのは値頃感である。ＬＣＣの判断基準のひとつは、各社が設定している運賃のカテゴリーだ。割引運賃とかシンプルなど各社さまざまな名称をつけている。

安いカテゴリーが売り切れていたら、ＬＣＣのうまみはあまりないと思っていい。もっとも僕の場合は、利用する日が決まっていて、それも直前に決まることが少なくない。最も安いカテゴリーが売り切れていても、他社と比べて安ければ買うことも多い。

しかしどう見ても高いときはある。最も安いカテゴリーでも高いのだ。いまの航空券価格は、各国の休日に敏感だ。連休がからむとぽんと値あがりしたりする。いま、世界の航空券価格を左右しているのは中国の連休だといわれる。中国各都市を離発着する便はもちろんだが、東南アジアやヨーロッパの運賃も動く。世界の航空業界を支えているのは中国人旅行者ということらしい。

航空券を予約するとき、必ず一カ月先、二カ月先の運賃を見るようにしている。日程を変えて見ていくと、だいたいの値頃感が見えてくる。就航都市が離れていないエリアでは、それぞれを見る。たとえば香港とマカオ、深圳だ。この三空港はバスやフェリーなどに乗れば二時間ほどで移動できる。

安い……と直感するときもある。値頃感が身についてくると、そんな勘が働く。しかしその裏には必ずなにかがある。目的地に着くのが午前一時という時刻を目にして納得したりする。世のなかとはそういうものだ。

本当に安い航空券を手にするなら、キャンペーンということになる。その世界に入り込むには、ある程度の時間の余裕が必要になってくる。

〈ビジネスクラスを狙う〉

退職したビジネスマンはこの問題で悩むらしい。もう、会社の経費でレガシーキャリアのビジネスクラスに乗ることはできない。しかしビジネスクラスのサービスやラウンジの味が忘れられない……。

無料でビジネスクラスに乗るにはふたつの方法がある。

ひとつはアップグレード。エコノミークラスの席を予約し、アップグレードの要求を出す。そこで使うのが貯めたマイルである。マイルを貯めるためには航空券を買ったり、クレジットカードの支払いで加算するわけだから資金はかかっている。無料というわけではないのだが。

アップグレードできるか、できないか……。それは航空会社の裁量。それもぎりぎりになるまでわからない。日本航空や全日空は、なかなかアップグレードができない、という話はよく聞く。アップグレードを申し込む人が多いのだろう。可能性が高くなるのは、同じアライアンスのアジア系航空会社である。

レガシーキャリアはアライアンスという連合をつくっている。そのなかではマイルを共有できる。細かいルールは省略するが、全日空でマイルを貯めている人が同じアライアンスのタイ国際航空に乗り、アップグレードを申請するわけだ。実現する可能性は若干高くなるというレベルだが。

もうひとつは、アライアンスの上級会員になり、ビジネスクラスに空席があるときに移ることができるというものだ。これはマイルを使うわけではない完全なサービス。これも航空会社の裁量の世界だが。これもアジア系航空会社やアメリカ系航空会社のほうが可能性が高いという。もっとも、上級会員になるためには、かなり飛行機に乗らなくてはならない。そのために費用がかかる。世のなかには、そうおいしい話はないということに落ち着いてしまう。

コラム1

折れなければいいと思う

旅とは頑張ってするものだろうか。

人はよく、「頑張って旅を続けました」と口にするが、それは旅の結果であって、旅の日々を振り返ると、常に頑張っていたわけではないと思う。一、二泊の弾丸旅行ならいざ知らず、一週間、十日といった日程になると、どこかで休んでいるはずだ。意図的に休んでいないにしても、今日の午前中はホテルでゆっくりしようという体の問いかけに従っていることもあると思う。

悪いことではない。

そうでなければ、旅は続かないと思う。

旅というものは、なにか知らない国を元気いっぱい歩くようなイメージが先行するが、日々を支配しているのは旅の日常である。移動は旅の要素だが、それより多くの時間、ホテルに泊まり、朝、昼、晩と食事をすることなどに費やしている。どこか休日のすごし方にも似ている。

かつてインドのコルカタのサダルストリートの安宿に一週間ほど滞在していたことがあった。二、三日もいると、顔見知りも増えてくる。あるとき、その宿に二カ月以上いる日本人が僕の部屋のドアをノックした。

「悪いけど、氷を買ってきてくれませんか。ひとりが熱を出しちゃって。宿の前の路地を抜けたところにあるラッシー屋で売ってくれるから」

ラッシーというのはヨーグルト風の冷たい飲み物である。

氷を十ルピーほど買い、熱を出したという青年が寝ている部屋にもっていった。布を使って簡単な氷嚢をつくり、額に置いた。

「こいつ、なにを考えているのかわからないけど、頑張って旅をしすぎなんだよ。ラダックへ向かったのが十日ほど前だよ。その間、移動のしっぱなしだったらしい。朝、帰ってきて、旅のルートを聞いたけど俺だったら一カ月ぐらいかかる道のりを一気に旅してきたんだよ。そりゃ熱も出るよ」

宿の主のような日本人はそういった。

旅には好奇心が必要だ。

あの峠を越えたらどんな風景が待っているのだろうか。やはり行きたくなる。日程が短いほど、その行程はハードになっていく。しかしその反動は必ずやってくる。旅とは正直なものだと思う。長い旅を経験すると、そのあたりがわかってくる。

体力の問題ではないと思う。旅というものは、特別な筋肉が必要というものでもない。二十時間以上、狭いバスに体を沈める。そのとき、腹筋が強くてもなんの意味もない。精神力というものでもない。気合いで二十時間のバスに乗れるものではない。

あえていえば忍耐力である。眠気は波状的に襲ってくる。しかしインド北部のラダックの道はよくない。小刻みに揺れるバスのなかでは、熟睡などできない。目的地に着けば、宿を探さなくてはならない。酸素も少ない。重い体をひきずるようにして、一軒の安宿にたどり着く。その行動を支えるのは、瞬発的な体力ではない。

風に揺れる柳のように旅をしろ――。

いったい誰から聞いた言葉だっただろうか。太い枝は風に強いが、ある限度を超えた風に吹かれるとポキッと折れてしまう。しかし柳の細い枝は強風に大きく揺れるがなかなか折れない。旅もそんな意識で続けたほうがいい……と。

海外の旅というものは、いつも風に吹かれているようなものだ。ときにその風は猛威をふるうときもある。そんなときは、決して風に抗わない。ただ風に揺れている。そして風がおさまってきたら、なにごともなかったかのように歩きはじめる。こうすれば折れることなく旅を続けることができる。つらいバスに乗っているときも、ひたすらその揺れに体を任せていくうちにきっと目的地に着く。

ときに休むことも必要だろう。

旅の極意だと思う。

アジア点描①（ミャンマー）

第二章

ホテルは予約しない

ホテルを予約できない理由

ホテルの予約が鬱陶しくてしかたない。元凶は予約サイトである。インターネットでホテルの予約や支払いができるようになったとき、これは便利だと思った。しかしその後、加入軒数が爆発的に増え、予約サイトも急増し、インターネットでホテル予約しないのは旅行者にあらず……といった風潮すら生まれるなかで、食傷の領域に入ってきてしまった。これではいけない、と思うのだが、予約サイトを開いたとたんに、エネルギーが霧散していく。

やはり扱う軒数が多すぎるのだと思う。ホテルへの要求は人それぞれだから、それに応えようとしていくと、いたずらに情報ばかりが増える。なんとか成約につなげようとするから、「あと三室」などといった表現で焦らせる。そういう世界の入口で僕は立ち竦んでしまうのだ。

もともとホテルへのこだわりは少ない人間である。ホテルの予約サイトに表示されるデータには、僕にとって意味のないものも多い。ロケーションと値段の折り合いがつけば決まっていってしまうタイプの旅行者にとって、情報の多くが無用である。

ホテルの予約サイトについて、あれこれと文句をいう僕は少数派であることはわかっている。海外旅行先で、リーズナブルな値段で快適な宿を求めることは当然のことだ。そのためにホテルの予約サイトに頼るのも自然な流れなのだ。そうは思うのだが、やはりあのサイトの前では固まってしまう。

そこには、これまで重ねてきた僕の旅が投影されている。

僕は、いまも昔も、宿を予約することがほとんどない。宿を予約することを、ことさら嫌っているわけではない。予約することができないのだ。

三年ほど前、ミャンマーの列車旅を続けていた。ヤンゴンからマンダレーまで列車に乗った。そしてさらにシャン州のラーショーまで行く予定だった。マンダレーを発車する時刻が午前四時という気が滅入るようなスケジュールだったが、その列車に乗ってしまえば、午後七時ぐらいにはラーショーに着くはずだった。ラーショーのホテルを予約することも可能だった。

出発する前日、マンダレー駅に出向いた。するとこんな言葉が返ってきた。

「途中のシーポーまでしか列車は行きません。雨で川が増水し、シーポーの先の鉄橋が壊れてしまったんです」

その年、ミャンマーは大雨に見舞われ、河川の氾濫や土砂崩れなどがいくつかのエリアで起きていた。しかたなかった。僕はシーポーまでの切符を買った。午後の四時前にはシーポーに着く予定だった。そう決まれば、シーポーのホテルを予約することができたが、僕はそれもしなかった。

列車は予定通り発車した。昼少し前に、ゴッティ鉄橋を越えた。谷底からの高さが百メートルを超える鉄橋は、そのスリルを味わいたい欧米人旅行者に人気だった。

列車はのろのろと鉄橋を越え、予定通りにシーポーに着いた。ホームに降りると、ゲストハウスの客引きたちが集まってきた。そのひとりに訊いてみた。

「本当はラーショーまで行きたかったんだけど」

「ラーショー？　列車が行くよ」

「……？」

「あの壊れた橋のむこうに列車が停まっているでしょ。あれがこれからラーショーに向かうんです」

急いで駅員に訊いてみた。たしかにその列車がラーショーに行くという。すぐに切符を売ってくれた。

川に沿って少しくだると、車用の橋があった。これは崩れてはいなかった。そこを渡り、列車に乗り込んだ。しばらくすると列車はゆっくりと発車した。大粒の雨が降りはじめた。断続的に雨が降り続く空模様だった。列車はそのなかを進んでいったのだが、一時間ほど進んだところで停まってしまった。車掌たちがなにやら話し込んでいる。保線員らしき職員と近くの村の人々が、シャベルやつるはしを手に、先に向かって線路脇を歩いていった。

一時間ほど停車していただろうか。保線員のような男たちは、雨のなかをずぶ濡れになって戻ってきた。話はすぐに決まった。列車はシーポーに戻る。線路の上に大きな岩が落ち、人力では動かすことはできないという。

それから約一時間……列車は出発した場所に戻ってしまった。トラックの荷台に乗って国道まで出た。

ラーショーは好きな街だ。坂道に沿って木造三階建ての家々が並ぶ

「今日はシーポー泊まりかもしれないな」

同行するカメラマンに声をかけた。ところが国道に出たところで話をしていると、ラーショーまで車を手配できることがわかってくる。結局、車をチャーターしてラーショーに向かった。着いたときは夜の十時をまわっていた。車のドライバーが知っている街なかのホテルに泊まることにした。一泊十ドルほどの宿だった。事前にネットの予約をしていたら、このレベルの宿にした気がする。しかしそれは結果にすぎない。

ホテルを予約することができない——。

その理由をわかってもらえるだろうか。

テヘランでの宿なし体験

これは僕の旅のスタイルである。皆に同じような旅をしてほしいといっているわけではない。しかし、こんな旅を続けてきたが、いままで訪ねた街で、宿が見つからなかったことはまったくといっていいほどなかった。

宿がない……。記憶を辿れば、三回だけあった。

一回目は二十代の頃、アフリカを旅していたときだ。スーダンにいた。首都のハルツームからバスに乗り、紅海に面したポートスーダンに着いた。何軒かのホテルに訊いたがどこも満室だった。巡礼だった。スーダンはイスラム教徒が多い国だ。一生に一度の、メッカへの巡礼を大切にしている。メッカのあるサウジアラビアは、ポートスーダンから見ると、紅海の対岸である。その時期は巡礼月にあたっていて、多くのスーダン人がポートスーダンに集まり、船を待っていた。宿が見つからない僕に、助け船を出してくれたのはホテル側だった。余ったベッドを建物から出して、門の脇で寝てはどうかというのだった。そこは守衛が不寝番に立つので安全だという。スーダンはほとんど雨が降らない乾燥地帯が広がっている。ベッドを建物から出しても雨の心配はなかった。

マレーシアのパシルマスという街にも宿がなかった。歩道の上にテーブルを出してお茶を飲んでいるおじさんに訊いてみた。

「昔はあったんだけどね。なぜか宿を閉じちゃったんだよ。駅前に食堂があるから、そこで訊いてみな。泊めてくれるかもしれない」

いわれた通りに食堂に行くと、キャッシャーのおばあさんが、別に悩む様子もなく、鍵を渡してくれた。部屋は二階だった。従業員が使っている部屋のようだった。

ポートスーダンもパシルマスも、ちゃんと宿代をとられた。その意味では、宿があったといってもいいかもしれない。

本当に部屋がなかったのはイランのテヘランだった。三十年も前の話だが。

僕はパキスタンから陸路でイランに入った。バスに揺られ二日目の晩に、テヘランに入った。当時、パキスタンとイランの国境では闇両替が可能で、銀行の両替レートの十倍ものイラン通貨を手にすることができた。こういうことにはまったく抵抗感がないタイプなので、僕もしっかりとその恩恵を受けた。

しかしテヘランのホテルはこの状況を知っていて、パキスタンから国境を越えてやってきた旅行者の宿泊を断るといわれていた。パスポートの入国ポイントをチェックするのは、インターコンチネンタルなどの超高級ホテルだけだともいわれていた。

一応、インターコンチネンタルを訪ねてみた。満室と断られた。予測していたことだから、とくに気にもせず、近くのホテルを探しはじめた。二軒、三軒……ことごとく満室だった。さらに四、五軒をまわったが返事は同じだった。中級ホテルや安宿風のホテルである。一軒の宿がこんな説明をしてくれた。

「昨日から国の重要な会議があって、地方の役人がテヘランに集まっている。だから満室なんですよ。どこから入国したかは関係ありません」

タクシーにも乗った。ひとりの運転手が

「俺が部屋のある宿を知っている……」

と胸を張ったからだ。しかしそれは、イスラム圏の男特有のはったりだった。二軒のホテルをまわったが、やはり満室。その時点で諦めた。翌朝は北部のダブリーズにバスで向かうつもりだった。バスターミナルで寝ることにした。

当時、僕は寝袋をザックに詰めて旅をしていた。それをバスターミナルの建物脇に敷いて体を横にしたのだが、イラン人が何人も集まってきてしまった。彼らの関心は、野宿をする僕ではなく寝袋だった。珍しかったらしい。なかにはストロボまで焚いて写真を撮る奴や、寝袋の隅を触る男までいて、ほとんど眠れなかったのだが。

現地に行けばなんとかなる

僕は旅がちな人生を送っている。貧しい旅を何回も繰り返し、やがてその貧しい旅が仕事になってしまった。いまでも年に百日ぐらいは旅の空を見続けている。訪ねた国は七十カ国を超える。日本人がほとんど訪ねないようなエリアを歩くことも少なくない。

こんな日々をすごすようになったのは三十代の半ばからのことだ。二十代の頃もよく旅をしていたから、これまで海外の宿に泊まった数は三千泊以上になってしまう。自分で計算しながら溜め息が出てしまうが、その経験のなかで、ホテルを見つけることができなかったのは三泊にすぎない。そのうち二泊はなんとかベッドで寝ているわけで、俗にいう野宿は一泊にすぎない。これはほとんどないものといっていい気がする。世界のホテルというものは、予約などしなくても見つかるものなのだ。

僕はなにも、宿を予約しない旅をすすめているわけではない。僕の旅のスタイルが少数派であることもわかっているつもりだ。人によっては、宿泊するホテルを楽しみにしていることも知っている。しかし理解してほしいのは、宿を予約しなくても、現地へ行けば宿は必ずあるということなのだ。これだけは覚えておいていいと思う。

世界のホテルが、インターネットを通して予約できるようになったからといって、その状況が変わったわけではない。予約をせずにフロントに現れた客を拒むわけでもない。インターネット予約が主流になり、それに特化したような宿がないわけではない。その種の宿については追って説明するが、一般的な宿は予約をせずに泊まることができる。インターネットという新しい予約ツールができただけで、宿は同じように営業しているだけなのだ。残りあと「一室」などという表示に焦る必要などない。

インターネットというものは、予約を仲介するという新しいビジネスをつくりだした。それはたしかに便利なものだ、現地を訪ねる前から料金がわかる。写真から部屋のイメージを想像できる。宿の設備もわかってしまう。それを可能にしたインターネットというツールは偉大で、アゴダやホテルズ・ドット・コムといったホテルの予約サイトは多くの収益をあげている。

しかしそこにはデメリットもある。旅の日程が決められてしまうことだ。

たとえば台湾へ行く。台北に一泊し、翌日、台湾新幹線で台南を訪ねる。台南は台北以上に街歩きが楽しい。台湾は中国本土から入植した人々によって進化してきた。その前は、いまのフィリピン人やインドネシア人に似た人たちが暮らす島だった。台湾では原住民と呼ばれる先住民族である。その関係は、インディアンとヨーロッパからの移民というアメ

台南駅は、日本の駅にそっくり。この駅に着くといつもほっとする

リカの状況によく似ている。中国大陸から移ってきた漢民族が最初につくった大きな街が台南である。そこには、彼らの多くが移り住んだ清の時代の空気と、その後、台湾を統治した日本、そしていまの台湾の文化が混ざりあっている。

市内の中西区を歩いてみる。この一帯は清の文化が色濃く残っている。大陸からやってくる清の役人を受け入れた一帯だった。しかしそのなかにある神農街には日本風の建物が数多く残っている。幅にして三メートルほどの道を散歩するように歩くと、日本風家屋が改装され、台湾の若いアーティストのギャラリーになっていたりする。台湾人は日本風の建築に懐かしさを抱く感性をもっている。若者たちは、日本風と現代をつなぐインテリアを好む。

神農街を歩き終わると、海安路に出たその歩道にテーブルが並んでいた。台南の人たちが、夕暮れの空を見あげながらビールを飲んでいる。テーブルに並ぶのは近くの港で水揚げされた魚や貝……。台北に比べれば、台南はゆったりとしている。台北の歩道はバイクでは埋まってしまうが、台南はそこにテーブルが並ぶ。

「ここでのんびりとビールを飲み、明日の朝は路上の店で豆乳と揚げパン……」

そんな旅の日々をイメージしても、もし、その夜、台北のホテルを予約してしまっていたら、列車で台北に戻らなくてはならない。事前に日程を決めてしまったからだ。

旅の自由を失うということは、こういうことだと思う。もし、その日の宿を決めていなかったら、台南に一泊する……そんな自由を奪ってしまうのだ。

旅の自由を失いたくない

膨大な量の海外情報が手に入る時代だ。それもインターネットの功績である。台南という文字を打ち込んで検索すれば、ホテル予約サイトに飲食店、訪ねた人のブログなどを次々に見ることができる。

そこから台南のイメージを膨らませていくわけだが、それらの素材は、所詮、ほかの人が見聞きしたものにすぎない。実際に訪ね、その空気を肌で感ずると、抱いていたイメージが崩されていく。それが旅だと思う。早々に立ち去りたい街もあるかもしれないが、もう一日、いや二日、滞在してみたいと思う街は少なくない。等身大の街が見えてくるわけで、それは誰のものでもない自分の発見でもある。

台南にもう一泊してみたい……という思いは、そのとば口に立ったということなのだが、そこで台北に戻ってしまうのは、なんだか惜しい話なのだ。ホテルを予約しない自由な日程なら、もっと台南の街を味わうことができる。

こういう旅が苦手な人はいる。いや、そういう人が多いだろうか。日本を出発するとき、少なくとも宿泊する街が決まっている。そうしないと落ち着かないという人はいる。そんな人と話をすると、ネット予約はキャンセルもネットでできるし、急な予約も対応している……とネット予約の利便性を強調する。旅とはそういうものだと漠然と考えている人も多い。なにかが違うと思う。道を歩いていてホテルを見つけ、プラッと泊まってみる世界とは違う。あるシニアがこんなことをいった。

「学生時代、北海道を気ままに歩いたんです。ユースホステルに泊まりながら。釧路が気に入って三泊もしました。ああいう旅、海外でもしてみたいですよ。時間はかなりありますから。でも、海外はちょっとハードルが高い。言葉の問題もあるし……」

こんなタイプは案外、多いのかもしれない。

そんな気まま旅の因子をもっている人が、海外だからといって日程に縛られた旅をしているとしたら、やはり残念に思う。気ままな旅を制限している最大の要素は宿だと思う。

僕は若い頃から気ままな旅ばかり続けてきた。バックパッカーの旅である。ザックを背負った旅人を、人は旅の経費を切り詰めた貧乏旅行者のように思うかもしれないが、それは目に映る姿にすぎない。バックパッカー旅というものは、日程に縛られない気まま旅行のことだ。僕はその旅にしっかりと染まってしまったタイプである。

旅の日程が決まり、訪ねる街の宿が事前に決まっていることは安心かもしれない。しかし、その引き換えに旅の自由を失うとすれば、僕は宿を決めないスタイルを選ぶ旅行者である。つまりはバックパッカーあがりの少数派ということなのだが。

宿を決めずに台南に向かう旅を選ぶことができるのは、絶対に宿が見つかるという確信があるからだ。バックパッカー流の旅を平気で続けたことが、人生のプラスになっているとはとても思えないが、少なくとも、旅先では、宿は必ず見つかるという余裕だけはもてるようになった。

くどいようだが、僕のような旅を強要しているわけではない。この文章を読み、旅は自由でなくてはいけない……とばかりに宿を予約せずに海外に出ても、「今夜、もし宿がなかったらどうしよう。下川裕治という旅行作家が、宿は必ず見つかる……と本で書いていたが、あの男の文章は、眉につばをつけて読まなくてはいけないのかもしれない」などという不安が頭をもたげてきてしまうと、旅の足どりもぎこちなくなってしまう。いくら自分に、「宿は必ずある」といい聞かせたところで、心底そう思っていなければ、その街の魅力も味わえずに終わってしまう。こうなると、なんの意味もなくなってしまう。それなら宿を予約したほうがまだいい。

そこで宿を予約しなくても、心穏やかに旅を続けることができるテクニックや心の訓練を考えてみる。

〈荒療治〉

バックパッカーたちが辿った道を経験する方法である。彼らは旅先での話になると、ひどい宿自慢を繰り返す傾向がある。

「ベッドが南京虫の巣窟でね。あの虫は肌を何十カ所ってかむんだよ。その跡の腫れがリーダー罫みたいになる。そりゃ、もう痒い。ノミのほうがはるかに良心的だよ。一カ所刺して血を吸ったら、どこかに跳ねていなくなるからね。ハッハッハ」

しかし彼らにしても、旅に出る前に、南京虫やノミなどまったく知らなかったはずだ。旅先の宿で、この不快な虫に出合い、そのときは痒さに眠れぬ夜を経験するのだが、日本に帰ると、その痒みは旅自慢に転化していくわけだ。

しかしひどい宿を経験すると、宿の快適さというレベルはぐんとさがる。設備が悪い宿に出合っても、「あのときよりはましか……」と思えるようになる。その心の変化は、宿を予約しなくても平常心を保つことができる支えになる。

僕もひどい宿は何回か経験している。バングラデシュのインド国境に近いジェソールという街だった。ホテルを探しに部屋に入って一瞬、目を疑った。コンクリートの床に、むしろが一枚、敷いてあるだけだったのだ。

「これがホテルか?」

すでに代金を払ってしまっていた。ガラス窓はなく、鉄格子がはめられているだけだった。裸電球に照らしだされた部屋には、細かい虫が元気に飛び交っていた。窓には網戸もないわけだから、外にいる虫が自由に出入りできる。野宿と大差はなかった。そして床にはむしろなのだ。しかたないので、その上に体を横たえてみた。しばらくすると、背中にチクっという痛みが走った。いたのである。ダニなのか、ノミなのか……。むしろの表面を凝視してみたが、なにも見えない。もうむしろの上に寝ることはできなかった。残るスペースはコンクリートの上だけなのだ。そこに体を横にしたが、背なかの痒みが襲ってくる。もうなす術もなかった。

台湾の瑞芳で一軒の宿に泊まった。瑞芳は台湾の東海岸を進む鉄道の幹線が通っていた。十份などの観光地へ向かう支線の平渓線への乗り換え駅でもあった。駅に近い宿だった。入口からのびる細い通路を進み、突きあたりの部屋に通された。窓のない部屋だった。正確にいうとトイレの壁の上のほうに、小窓がひとつあるだけだった。ベッドの上に腰をおろしたが、どこか湿っぽい。上がけやシーツもしんなりしている。耳を澄ますと、床下から水が流れる音が聞こえる。

「この部屋、川の上なんじゃないかな」

同行していたカメラマンが首を傾げながら、口を開いた。ふとベッドサイドに置いた眼鏡を見た。レンズが曇っていた。それをカメラマンに見せた。彼は慌ててカメラのレンズをのぞいた。

「この部屋、すごい湿度ですよ」

こういった宿体験を積むと、切ないことだが、宿というものへの許容範囲がぐっと広がる。快適な旅とは縁遠いが、宿を予約せずに知らない街を訪ねても、心の余裕が生まれる。世界の安宿では、こんなことが頻繁に起こるのか……と不安になる人もいるかもしれないが、そんなことは希だ。紹介したのは極端な宿で、欧米を除けば、二十〜三十ドルを払えば、きちんとした宿に泊まることができる。その現実の前での不安を消すための荒療治と思ってもらえればいい。

世界の宿は値段でだいたいは推し測ることができる。最も安いクラスはドミトリースタイルの宿だ。大部屋に二段ベッドが並んでいることが多く、ベッドひとつの代金になる。最近のドミトリーは設備もよくなってきていて、荒療治宿とはいえないところも多い。ドミトリー宿があるのも旅行者が多い大都市が多い。地方都市へ行けば個室、つまり普通の宿になる。

個室の荒療治宿といったら、東南アジアでは一泊千円以下、物価の安いミャンマーあたりで二百円以下といったところだろうか。だいたいが古い木造宿である。多くがインターネットでの予約を受けつけていない。簡単に見つかるエリアは、バンコクのカオサン一帯やホーチミンシティのデタム界隈だろうか。ここで一泊千円以下、できれば五百円以下の宿に一回泊まってみることだ。連泊する必要はない。一泊か二泊で十分。この種の宿を経験しておけば、それ以降が楽になる。宿の予約をしなくても、旅に出る心の余裕が備わってくる。

〈堅実派〉

宿を予約せずに海外に出ることで、旅の自由が手に入る。そう頭で理解できても、最初はやはり不安だと思う。そんな気がかりを解消するキーワードはホテル街だろうか。

大きな都市になると安宿街も出現してくる。そのエリアは街によってさまざまだ。日本の場合、ホテルは駅周辺に集まる傾向がある。しかし世界は日本のように鉄道が発達していないことが少なくない。そういった街では、交通というものと関係なくホテル街ができあがっていく。そんな情報を集め、そこに向かえばいいわけだ。タクシーや力車の運転手もその一帯を知っている。

できれば明るい時間帯に、この一帯にたどり着けば、宿は必ず見つかる。一軒が満室でも、その隣の宿に向かえばいい。混みあっている時期でも、「あそこなら部屋はあるはず」

と近くのホテルを紹介してくれる。あとは部屋を見せてもらい、値段との折り合いで決めればいい。

それは安宿街といわれるエリアでも問題ない。たしかにゲストハウスが多くなるが、最近の安宿街はそのなかに一泊二十ドル、三十ドルといった中級ホテルもかなりある。選択肢が限られているわけではない。

問題はホテル街や安宿街をどう見つけるかということだ。旅行者が多い街はすぐにわかる。アジアでいえばホーチミンシティのデタム界隈、コルカタのサダルストリートなど、世界的に有名な安宿街もある。

先日、インドネシアのスマトラ島のパレンバンという街に列車で着いた。駅舎を出たのだが、目の前には川に架かる立派な橋が見え、その脇に小さな食堂が並んでいるだけだった。後でわかったのだが、パレンバン市街は川の向こう側に広がっていた。

駅前でスマホのスイッチを入れ、グーグルマップを立ちあげた。現在地のボタンを押すと、パレンバンの地図が浮かびあがる。拡大していくと、パレンバンの市街地が映しだされた。そのなかでベッドのマーク、つまりホテルが集まっている一画があった。

「このあたりだろうな」

駅前で客を待っていたドライバーにその通りを告げると、すぐにわかったようだった。ほどなくしてその一画に着き、タクシーを降りると、道の両側に……そう七、八軒のホテルがあった。そのなかの一軒に決まった。一泊千五百円ほどの中級ホテルだった。

後で詳しくお話しするが、スマホをインターネットにつながる状態にすることは、旅を楽にさせるひとつの手段だと思う。なにもそれを通して、航空券やホテルを予約しなくてもいい。街の地理がわかることで、ホテル街を見つけることができるのだ。

ほとんどの宿がインターネットで予約しなくても泊まることができる。むしろインターネット予約の弊害のほうが多い気がする。

それは、ヨーロッパやアメリカに多い。このエリアのホテルは気が滅入るほど高い。ちょっと設備が整ったゲストハウスのレベルでも一泊一万円は超える。アジア流の気まま旅をしていると、宿代がかさんでしまう。宿もネット予約に誘導したいようで、ネット予約用の安い宿代を出しているところもある。こうなると、本意ではないのだが、ネット予約に進まなくてはならなくなる。

二〇一七年の三月、ポーランドにいた。アウシュビッツへ列車で行こうと思った。ワルシャワから列車に乗り、途中のカトヴィツェという街に泊まることにした。ポーランドは西欧ほどホテル代は高くないが、街に向かう車内で予約を入れた。ツインの部屋が四千六百円ほどだった。カトヴィツェに着き、その宿が入った古びたビルの前に立ったのだが、宿名の下に電話番号が書かれ、そこに連絡をとるように記されていた。困ってしまった。僕はポーランドでつながる携帯番号をもっていなかった。

「どうしようか……」

同行していたカメラマンとドアの前に立っていると、たまたまそのビルに入る男性がいた。この一瞬しかない……と、その男性の後をついてビルに入った。宿は五階にあった。そこにも同じ電話番号が掲げてある。連絡はとれないから、ドアを叩いてみた。しばらくするとなかから音が聞こえてきた。誰かいる。彼がドアを開けてくれたら……。

一分ほど待っただろうか。カチカチと音がしてドアが開いた。顔を出したのは、この宿に泊まっている男だった。彼の説明によると、チェックインは、駅の反対側の宿で行うのだという。そこへ行けば鍵をもらえるということだ。そして、「これ」と宿のなかに置いてある地図を渡してくれた。

それを頼りに一軒の宿を訪ねた。フロントで訊くとオーナーは別にいて、その管理を任されているのだという。値段を訊くと、二軒の宿は同じ料金だった。

カナダのトロントで泊まった宿もそうだった。入口に電話番号が書かれていた。しかしその宿のドアは一部がガラスで、内部が見えた。ドアを叩くと、そこにいたおじさんが出てきてくれた。彼が宿の管理人だった。

いまの欧米で安い宿となると、ビルのフロアーのなかを部屋に分けて個室をつくっているところが多い。そんなところは管理人が日中だけいたり、別のところにいることもある。昼の明るいうちに宿につく日程を組んだほうがいい。最終的にはなんとかなる気もするが、部屋に入るまで戸惑うことも多い。

世界では新しいタイプの宿も増えている。日本でも急速に増えているＡｉｒｂｎｂもそのひとつだ。本来は自宅の空室を旅行者に提供することからはじまったが、いまやビジネス化しつつある。それ以外にもさまざまな形態の宿が出現している。そんな宿は、フロントがあり、そこでチェックインをするという形をとっていないことが多い。連絡をすると、ドアの前で待っていてくれといわれ、若者が鍵をもってきてくれたこともあった。ホテル代の高い欧米では、どうしてもこの種の宿になびいていってしまうが、やはり不便は多い。

アジアの場合、フロントの前でインターネット予約をするということも何回か経験している。申し訳ない気もするが、はじめてこの方法で宿をとったとき、すすめたのはホテルのフロントにいるスタッフだった。

あれは五年ほど前だろうか。シンガポールのリトルインディアに近いホテルだった。シンガポールのホテルは、おそらくアジアでいちばん高いのではないかと思う。平日なら五千円ほどの宿も見つかるが、週末になるとぐっとあがる。七千円、八千円といった値段になってしまう。そのときも週末だった。ツインの部屋が九十シンガポールドル、約七千四百円もした。

「もう少し安い部屋は？」

フロントのスタッフは少し考えてこういった。

「うちのサイトで予約をすれば、八十五シンガポールドルになりますけど」

五シンガポールドル安くなる……約四百十円。ホーカーズという屋台村なら食事が一回とれる。しかしここでインターネット予約するというのも……と迷っていると、スタッフがこういった。

「私がやりましょうか？」

「はッ？」

若い男性スタッフにスマホを渡した。彼はそこで自分が働くホテルのサイトを立ちあげ、必要な項目は僕が入力し、予約は完了した。そしてその内容がホテルに届いたことを確認した僕は八十五シンガポールドルを支払った。これでいいのだろうか……とは思ったが、ホテルのスタッフがやってくれたのだから、なんの問題もない。これでいいようだった。

タイのウドンターニーという街のホテルもそうだった。料金を訊くとツインで千バーツ、日本円で三千二百円ほどだった。そのときはカメラマンと一緒だった。振り返ると、彼がフロントの後ろのソファで、日本人らしき中年男性と話していた。

「下川さん、このホテル、ネットで申し込むと七百八十バーツになるそうですよ」

隣にいた中年男性が相槌を打った。

「私は三泊しているけど、一泊七百八十バーツで泊まってますけど」

二百二十バーツの差額は大きかった。一食が五十バーツほどですむタイである。これはフロントにいうしかない。

「どうぞ。ただネットで出している料金は朝食なし。千バーツは朝食込みです。朝食は百五十バーツだから、ネットで予約したほうが少し得しますよ」

フロントの女性はなにも気にしていないようだった。

アジアではネット予約をこんなふうにも使うことができる。


〈老舗ホテル〉


いま、タイの老舗ホテルに凝っている。といっても、老舗ホテルを必死に探しだして泊まっているわけではない。例によって日程が決まらない旅を続けているから、事前に宿を予約できない。たどり着いた街の老舗ホテルを選んで泊まっているレベルである。

僕のことだから、高級なホテルではない。アジアには、バンコクのオリエンタルホテル、シンガポールのラッフルズホテル、ホーチミンシティのマジェスティックホテルなど、名だたる老舗ホテルがあるが、それらとはあまり縁がない。そもそも老舗ホテルに興味をもったのは、いつも部屋が空いていて、宿代がうれしくなるほど安いからだった。シニアの気まま旅には頃合いのホテルのように思う。

老舗ホテルに興味をもったきっかけは、タイのプレーで泊まった宿だ。その日、僕はラオスのホンサーを早朝に出発した。ロットゥーと呼ばれる乗り合いバンを乗り継いでプレーに着いた。バスターミナルを出ると、目の前に七、八階建ての立派なホテルが見えた。高級ホテルのようだった。僕が泊まるようなホテルではない気がした。しかし少し疲れていた。ホテルを探す気力が湧いてこない。値段を訊いてみることにした。

「ツインが千二百バーツ?」

同行していたカメラマンを見た。一人六百バーツ、日本円で二千円を切る。これなら大丈夫そうだった。

エレベーターに乗り、部屋に入った。外観は立派だったが、館内はそれほどでもなかった。とにかく古い。廊下を歩くとぎしぎしと音がする。しかし部屋は広かった。ベッドがふたつ入っていたが、まだだいぶ広いスペースが残り、そこにソファセットが置かれていた。

プレーにも新しいホテルが次々に建っていた。この街にやってくる外国人はそう多くない。ホテルに泊まるのはタイ人が中心だろう。彼らは新しいホテルに流れていく。かつては立派だったこのホテルは老朽化のなかで、宿泊代をさげざるを得なかった気がする。

そう考えると、合点がいった。フロントから見えたレストランは結婚式場のようだった。そうなのかもしれない。かつてプレーの人はここで結婚式を挙げた。老舗ホテルなのだ。フロントにいたのは若い女性だったが、まわりにいるスタッフは白髪が目立つ男性ばかりだった。スタッフも老朽化していたが、どこか温和で気楽そうだった。建物は古いが、すべてに余裕があった。無駄に広いといえなくもないが。

気楽で広い……。これがタイの老舗ホテルのキーワードのように思う。シニア向きのような気がした。喫煙ルールも緩やかだった。メーヨムパレスホテルという名前だった。

以来、タイの地方都市に行くたびに老舗ホテルに泊まっている。ナコンシータマラートのグランドパークホテル、ウドンターニーのチャルーンホテル、スパンブリーのスリウートングランドホテル……。

しかし老舗ホテル探しは簡単ではない。ホテルの検索サイトにはそんなカテゴリーはない。古いことはマイナス要素なのだ。地元の観光案内に訊いてもいいが、スタッフの勘がよくないと、なかなか理解してくれない。

経験的に見つけた探し方がひとつある。その街に着き、ホテルに詳しくなさそうなおじさんやおばさんに訊いてみることだ。老舗ホテルは名前だけは知られている。彼らがぱっと口にしたホテルが、老舗ホテルの可能性が高い。

老舗ホテル探しをタイ以外の国にも広げようと思っている。タイの周辺国は、社会主義の時代を経験している。旧国営ホテルが狙い目のようにも思う。

コラム 2

危険情報を鵜呑みにしない

外務省が発表する安全情報は大きな影響力をもつ。とくにパッケージツアーは、危険情報の危険レベルがあがると中止になってしまう。

この情報は個人で旅行をする人を制約するものではないが、やはり気になる。とくに危険という評価がくだっていないエリアでも、そこに掲載されている事例を読むと、延期しようか……と考えてしまう人は多いかもしれない。

旅の安全を推し測るひとつの手段がある気がする。それは経済状況だ。

フィリピンという国がある。治安という視点から眺めれば、イメージは悪い。とくにマニラがよくない。いまでもときどき、日本人が絡んだ殺人事件が報道される。外務省の安全情報どころの話ではないのだ。

しかし最近のマニラを見ると、治安は劇的に改善している。年に一回程度の割合でマニラを訪ねているが、その変化は顕著だ。夜の繁華街を歩けばすぐにわかる。若い女性が普通に歩いているのだ。どこか怪しげな眼差しのストリートチルドレンも見かけない。とにかく街に漂っていた少し緊張した空気が、一気に和らいできている気がする。

マニラに詳しい知人は、ドゥテルテ大統領の麻薬政策が大きいという。その強行な手段に、世界から批判は集まっているが、成果は確実に出ているという。

「フィリピンでは八人にひとりが麻薬中毒といわれていました。八人にひとりっていう割合は、家族や親戚のなかに、必ずひとりは中毒患者がいるということです。ドゥテルテ政権はそこにメスを入れている。麻薬を扱う組織は影を潜めました。治安が急速によくなってきたんです。マニラ市内のカラオケスナックの女の子たちがいっていました。仕事が終わったら、そのまま家に帰ることができるようになったって。以前は、店が午前一時に終わっても、危なくて家に帰ることができなかったそうです。店で仮眠をして、明るくなってから帰っていたんですって」

そこまで治安はよくなっていたのだ。

たしかにドゥテルテ政権の麻薬政策が効いているのかもしれないが、それ以前に、ようやく本物といわれるフィリピンの経済成長がある。IMF（国際通貨基金）の統計によると、フィリピンの実質GDPの成長率は次のようになっている。

二〇一二年　六・六八パーセント
二〇一三年　七・〇パーセント
二〇一四年　六・一五パーセント
二〇一五年　六・〇七パーセント
二〇一六年　六・九二パーセント

二〇一七年も六パーセント台の成長率を残すことは確実なのだ。ドゥテルテ政権以前から、フィリピンは経済成長に乗りはじめていた。経済成長が軌道に乗れば、失業率も当然さがっていく。フィリピン統計局が発表した失業率はこう推移している。

二〇一二年　七パーセント
二〇一三年　七・一パーセント

二〇一四年　六・六パーセント
二〇一五年　六・三パーセント

二〇〇〇年代初頭、フィリピンの失業率は十一パーセントを超えていたことを考えると、大きく改善されている。

治安というものは、失業率と対になっている。仕事がなければ、別の方法で金を稼ごうとする。そこから犯罪が生まれてくる。その国の失業率を左右するものは経済成長である。ひとつの国の治安を考えたとき、経済成長率は、正確な指標になっている。旅を考えたとき、その国の経済成長率を調べればいい。五パーセントを超えていれば、安全だと思っていい。

経済成長率が高くても、犯罪がゼロというわけではない。人にはそれぞれの事情もある。そこで起きる事件を安全情報は拾ってしまう。その判断は個人に委ねられてしまうが、さまざまな事件が起きていても、経済成長率が高かったら……という見方は間違いはないと思っている。

第三章

同じ店に何度も通う

知人夫婦が選んだ店

言葉の通じない海外で、好みの食堂やレストランを見つける……それはなかなか難しい。食というものは極めて個人的なものだからだ。そしてその店の雰囲気も味を大きく左右してしまう。感じのいい店なら、口に運ぶ料理の満足度もあがっていく。

いいレストラン探し……。この分野でもネットで検索するとぞろぞろと情報が出てくる。ガイドブックには、その街の有名料理店から穴場とも受けとれるような店も並んでいる。しかし僕はいまだかつて、この種の情報をもとにレストランを訪ねたことは一回もない。いや、まったくない、というのはいささかオーバーかもしれない。同行者がいると、その人に誘われるままに有名店の椅子に座ったこともある。そんな回数が最も多いのはバンコクだろうか。

僕はバンコクに合算すると二年近く暮らしている。タイ語を学ぶことが目的だった。その後もバンコクは頻繁に訪れている。ここ五年ほどは、バンコク在住の日本人に、文章の書き方を教えるという講座があり、月に一回のペースで訪ねている。タイやバンコクをテーマにした本も何冊か書いている。そんな物書きだから、どうしてもバンコクの案内役という役割が降りかかってきてしまう。僕がなにかの用事でバンコクに滞在しているとき、たまたま日本から知人がやってくるというケースだ。

だいたいが夕食を一緒に……という話になる。先日もそんな機会があった。そのとき、僕はラーマ4世通りに近い宿に泊まっていた。夕方、宿の近くで待ち合わせた。さて、どんな店に連れて行けばいいのだろう。それほど親しくない知人夫婦である。好みがわからない。

タイにやってくる日本人にはさまざまなタイプがいる。日本食しか口にしない人もいる。ただ酒さえ飲むことができればどこでもいいという左党もいる。男性のなかには風俗店目あてもいる。絶対に屋台……と決め打ちする強引派もいれば、冷房の効いた小ぎれいな店でないと尻ごみしてしまう女性もいる。そのあたりを推し測ることになる。

最初に外国人客はほとんど見かけないイサーン料理店を見学した。イサーンというのは東北タイ。ガイヤーンやラープなどが代表料理だろうか。僕がときどき入る店だった。いつもタイ人でにぎわっている。料理を運ぶ若い女性店員は、バンコクにまだ慣れていない様子で、どことなくのんびりとやっている。タイの田舎風の店でもあった。

続いて近くのショッピングビルのなかにあるソムタム専門店を見にいった。ソムタムというのはパパイヤサラダで、この店は二十〜三十種類のソムタムがあった。タイで生まれたチェーン店で、化学調味料を一切使っていないことで知られていた。タイ人のなかでも食の安全を気にする中間層の間で人気の店でもあった。

タイ料理を食べたいという要望に応えたつもりだったが、夫婦の意見が合わなかった。奥さんは最初に見たイサーン料理店に行きたいといった。

「せっかくタイに来たんだから、普通のタイ人が行く店に行きましょうよ。せっかく下川さんがいるんだから。私たちだけじゃ、注文もできない店でしょ」

しかしご主人が煮え切らない。そしてスマホをとりだした。そこにはプーパッポンカリーの写真が映しだされていた。これはカニ肉を卵と一緒にカレー風味で炒めた料理。最近、日本人の間でヒットしているタイ料理だ。

「この近くにあると思うんですけど」

ソーントーン・ポーチャナーという店だった。ご主人は事前にネットで調べていたのだ。時間帯にもよるが、外国人が多い店だった。とくに韓国人が目立つ。日本人客もかなり足を運んでいる。きっと多くのブログがヒットするのだろう。

「外国人が多い店ですよ。それにプーパッポンカリーは高いです。三千円くらいだったかな」

そう伝えたが、ご主人はその店にこだわっていた。行ってみることにした。ちょうど夕食どきで、店の前の椅子にはテーブルが空くのを待つ客が数人座っていた。添乗員のいる韓国人ツアー客もいる。ところがご主人はこういった。

「ここにしましょう」

僕とは違う世界の人だと思った。外国人観光客、それも団体客がやってくるような店は素通りしてきた。その店の料理は、現地の人向けではなく、外国人が食べやすいようにアレンジされているはずだった。その国の本当の料理といっても、それがなんなのかもわからなかったが、観光客向け料理は避けようと思っていた。

しかし韓国人の団体客を目にしたとき、ご主人はほっとした表情を見せた。彼はおそら

開店間際のソーントーン・ポーチャナー。ここのクンオップウンセンというエビ入り蒸し春雨を気に入っている

くこう考えていたような気がする。外国人団体客がやってくるような店だから、ここは安心できる……。彼は食あたりや下痢を気にしていたのだろうか。

彼はひょっとしたら並はずれた食通なのかもしれなかった。心のなかでは、プーパッポンカリーは外せない料理になっていた可能性もある。丹念に調べあげ、今回は……と。こんなタイプは、案内してくれる人が勝手にわけのわからない料理を注文することは許せないのかもしれない。

僕のアバウトな注文術

これまでの人生のなかで、食通といわれる人には何人か会っている。別に食べ物のレポートを仕事にしている人たちではないが、どこか絶対味覚のようなものが備わっている人だ。ある音を聴いて、その音の高さが正確にわかる人は絶対音感のもち主といわれる。彼らによると、絶対音感というものはそう単純なものではないらしいが、音を正確に識別できる人の歌を聴くと、ただひたすら感心してしまう。それと同じことが、味覚にもいえる気がする。その人が、「おいしい」といえば、どんな料理であってもおいしいわけだ。

幸か不幸か、僕は絶対音感もなければ、絶対味覚もない。つまりはいい加減ということだ。そして、自分がかなりアバウトな人間であることも知っているつもりだ。だから、料理店を紹介する記事やブログは信じないことにしている。その人はおいしかったのかもしれないが、僕が納得できるとは限らないからだ。

ある作家が、料理店の味を評価するのは失礼だ……というようなことを書いていたが、絶対味覚のない人の考え方として、それは正しいと思う。一杯の水も、喉が乾いていればおいしいが、コーヒーに添えられる水の味は評価が難しい。料理にしても、お腹が空いていれば、その味を二倍、三倍にも高めてくれる。

レストランガイドのネット記事を書いている知人は、運営会社から「おいしい、と何回も書いてください」という注文を受けているという。だからネットの飲食店を扱った記事には、「おいしい」が溢れている。いったいどれだけの人が信じているかはわからないが。

しかし僕も食事をとる。海外だから、ほとんどが飲食店に入ることになる。一日に三回は食堂のテーブルに座っている。ではその店をどうやって探しているのか。ネットやガイドブックのその種の情報は見ないから、まったくの白紙の状態である。

実は店探しにまったく苦労はしていない。宿を出て、食堂が並ぶ一帯をぶらぶら歩く。そしてなんとなく、この店がよさそうだと思った店に入っているだけだ。僕がよく訪ねる東南アジアは、どこも暑い。店の多くは開放型で、料理が店先に並んでいたり、つくっているところが見えるから、想像力を働かせることができる。しかしまだほかの料理もあるのかもしれない。

そこで店を決めるわけだから、それはもういい加減の極致のようなものだ。自分がなにかを食べたいと思っても、それを伝えることができないから、最初からそんな欲求は抱かないことにしている。食通でもなく、絶対味覚ももち合わせていないからできること……といえばそれまでだが、それがストレスになっているわけではない。

店によってはメニューをもってきてくれるが、僕の入るような店は現地語のメニューが並んでいるだけ……ということも珍しくない。たまに英訳がついていることがあるが、fish, egg, noodle……といった単語が並び、炒めるとか煮るといった料理法まではわかるが、肝心の味がわからない。ベトナムならフォー、インドネシアならナシゴレンといった超がつくほどの代表料理はわかるが、その先となるともうお手あげである。

だいたいが指差しで決まる。アジアでは、できあがっている料理がトレーに盛られている店がある。それを眺め、味を想像しながら決める。あまり悩みもしない。考えたところで、その料理の味がわかってくるわけではないから、迷う必要もないのだ。自分でこう書きながら思うのだが、実にアバウトな注文術である。これでよくやっていると思う。

できあがっている料理がない店では、もうお任せに近い状況になる。素材を指差すと、調理人が勝手につくってくれる。不安になるのは、客の僕より店であることも多い。そんなときはよく厨房に入れてくれる。よくブログなどで、「調理場まで入れてくれて、とても親切」などといった記述があるが、誤解のような気がする。店のほうが、「本当につくっていいのか……」と心配になっているのではないか。

しかし僕のような男は平和なものだ。食べ物に対する神経はとめどもなく太いから、喉を通らないということがまずない。タイ料理で辛さには鍛えられているからトウガラシが入っていてもあまり問題にならない。かくしていたって平和な食生活を送ることができる。しかしただひとつこだわっていることがある。それほど大げさなことではないかもしれない。迷った結果、そうなってしまうという部分もある気がするが。

それは同じ店に何回も通うことである。

どうしてこんな習性が身についてしまったのかといえば、ひとり旅が長かったせいではないかと思う。

知らない街にひとりで滞在した経験のある人なら多少はわかってもらえるのではないかと思う。日本なら、ラーメン屋や定食屋という、おひとり様でも気にせずに入ることができる店がある。出張のときはホテルのレストランですませるのかもしれない。

しかし世界、とくに東南アジアは、ひとりで食事をするという習慣はあまりない。最近はアジアでも都市化が進み、ひとりで食事をする人も見かけるが、そんな人向けの食堂がほとんどない。実際はひとりで食べてもいいのだが、そんな客は稀で、テーブルを囲んでいるのは家族や友だち同士……四、五人というケースが多い。

東南アジアの人たちと長くつきあっていて思うのだが、彼らはひとりで食事をするのが苦手だと思う。「つまらない」とか「寂しい」などというが、ひとりで食べた経験が少ない気がする。タイの家を見ていると、つくり置きのおかずを勝手にご飯の上にのせて食べることが多いが、一緒に食べなくても必ず近くには誰かがいるという環境のなかで育っている。食堂で食べるときはなおさらで、何人かでテーブルを囲むことが圧倒的に多い。

フィリピン人はタイ人以上にひとりで食事をすることが苦手だと思う。たまたま、なにかの理由で、昼食どきなどにひとりになってしまうと、家の前を歩く見ず知らずの人に、

「一緒にご飯を食べませんか」

と誘うことすらあるという。それほどひとりご飯が苦手なのだ。

ひとりご飯のついでにいうと、東南アジアの人たちはひとりで寝ることも苦手だ。ラオスのビエンチャンでオフィスを構える日本の調査会社の日本人スタッフからこんな話を聞いたことがある。

日本人社員が南部のサワンナケートに出張することになった。通訳として女性社員をひとり同行させないといけない。会社のある首都のビエンチャンからサワンナケートまでは飛行機で一時間ほどの距離。現地で宿泊することになる。すると、その女性社員は、出張に同行できないという。しかし、同僚の女性社員が一緒に行ってくれれば出張は大丈夫だという。しかしそうすると、もうひとり分の飛行機代がかかってしまう。

そこで別の男性社員を連れていくことにした。その社員は、ひとりで行くことに問題はなかったのだが、こんな申し出をしてきたのだった。現地のホテルでは、日本人スタッフと同じ部屋にしてほしい……と。

いまひとつ釈然としない日本人スタッフは、ラオスに長く暮らす日本人に訊いてみた。その人はこんな話をしてくれたのだった。

「たぶんそのラオス人たちは、ひとりで寝たことがないいんだと思うな。ラオスの家は大部屋に皆で一緒に寝るスタイル。個室という発想がない。高床式の家がそういうスタイルだったからね。海外に留学した若者は、ひとりでも眠ることができるようになるっていうけど……」

同じ店に通うことで旅が楽になる

話を食堂に戻そう。東南アジアとのつきあいは四十年以上になる。昔から都市よりも地方や田舎に向かうことが多かった。当時の食堂には、ひとりで食事をする人などいなかった。泊まっていたのは安宿だった。木造の建物でトイレは共同というスタイルである。そんな宿に食堂など望むこともできなかった。

あれはタイのチェンラーイだったと思う。四十年も前の話である。

バスターミナルから歩いて五分ほどの宿に泊まっていた。食堂はバスターミナル周辺に集まっていた。朝は宿の近くでコーヒーとバートンコーという揚げパンですませていたが、昼と夜が困った。当時タイ語はまったく話すことができず、タイの料理にも詳しくはなかった。食堂は歩道の上にテーブルを並べるスタイルが多かった。その前を通るのだが、どのテーブルも数人の客がいる。ひとりでご飯を食べていたのは、迷彩服姿の兵士だけだった。

当時、タイ北部のラオスやミャンマーの国境は安定さを欠いていた。ベトナム戦争は終わっていたが、その時期にヘロインの一大拠点になったゴールデントライアングルは存在感があった。ミャンマーでは内戦が続いていた。タイの北側はミャンマーのシャン州になる。そこでは独立をめざす少数派民族であるシャン族の軍隊がミャンマー軍と対峙していた。ミャンマーとの国境に近いチェンラーイには、シャン族解放戦線のオフィスまであった。食堂でご飯の上に二、三種類のおかずをのせて食べていたのは国境を整備するタイ軍の兵士だった。

腹は減っていた。しかしどの店も入りにくかった。言葉のわからない外国人がちょこんと椅子に座る。店の人はどう対応するのかと考え込んでしまう。いまでこそ、そんな状況にも慣れ、平気でテーブルにつけるようになったが、当時はまだ旅の初心者だった。十軒ほどの食堂が並んだ通りを何回往復しただろうか。いくら歩いても、店に入るきっかけが見つからない。いや、そもそもきっかけなど生まれるはずがない。いよいよ腹が減ってきた。意を決してひとりのおばさんが切り盛りする店に入った。どことなく優しそうな雰囲気があったからだ。

椅子に座るとおばさんが笑顔でやってきた。すぐに外国人とわかったようだった。両手でご飯を食べるポーズをつくった。僕は頷くしかない。そして手招きをした。ついて行くと、野菜が並ぶテーブルがあり、円型のまな板が見えた。その前に表面がやや赤味を帯びた肉がぶらさがっていた。おばさんは脇に置かれていた鍋のふたをとった。「これ？」といった感じで指差す。僕はなすがままに首を縦に振るしかなかった。

テーブルに戻ると、後から追いかけるようにおばさんが料理を持ってきてくれた。ご飯の上に豚の角煮っぽい肉とゆで卵がのっていた。よく見ると日本でいう厚揚げっぽいものもある。ご飯にはたれがかかり、脇には青菜が添えられていた。ムーカイパローである。もちろん当時は、そんな料理名は知らなかった。スプーンでご飯と一緒に肉を食べてみた。

たれに甘みがあり、食べやすい。どこからともなく、八角の風味もする。まったく辛くなかった。

「おばさんは外国人だからと、辛くない料理を選んでくれたのかもしれない」

がっつくようにご飯を頬張りながら、そんなことを考えていた。

結局はなんの問題もなく昼食を食べることができた。タイ料理のなかには、まるで中華料理のようなものがあることを知らなかった。それまで食べたタイ料理といえば、タイ風チャーハン、そば、野菜と肉の炒め物……そんな程度だった。

日が落ち、夕飯の頃になり、また気分が落ち込んでくる。いったいどの店で食べたらいいのだろうか。暑い一日だった。ビールぐらい飲みたい。その日の午後は、チェンライ市内をあてもなく歩いていた。といっても二時間くらいだろうか。暑さに負け、宿に戻ってだらだらしていた。天井でまわる扇風機を眺めながら途中で目にした食堂を思い起こす。ビールを飲めそうな店はあったが、薄暗いナイトクラブのような感じだった。食事はないかもしれない。

夕暮れの街に出た。昼と同じ店というのも避けたかったから、別の方向に歩きはじめる。

チェンラーイの街の構造は少しだがわかってきていた。市場があり、その向こうに時計台がある交差点があった。おそらくここが街の中心だろう。周囲にはしっかりした店が多かった。商品をずらりと並べたペンキ屋、農機具の専門店……二階建てのデパート風の店もある。その間に食堂がある。どこも家族連れや友だち同士といった客でにぎわっている。

昼に入った食堂よりは一格上のような気がする。十五、六歳にも見える店員が数人、料理を運んでいる。男たちのテーブルにはビールが四、五本並んでいる。タイ語ができ、タイ料理に詳しかったら、きっとさまざまな料理も頼めるだろう。ビールのつまみも充実していそうだった。しかし足が動かなかった。ひとり客はいなかった。テーブルの隅にぽつんと座っても、なんだか寂しさが募ってしまうような気がした。

気がつくと、バスターミナルのあたりを歩いていた。向こうに昼食をとった食堂が見える。おばさんがなにやら料理をつくっている。そこへ行けばまたおばさんがなにかの料理を出してくれそうな気がしたが、それもなんだかつまらない。

食堂が並ぶ通りを歩いた。昼に入った食堂の前を足早に通り過ぎようとした。するとおばさんと目が合ってしまった。

足が止まってしまった。

おばさんはここに座れと、椅子を指差している。もう逃げることなどできそうもなかった。テーブルにつくと、おばさんは、皿に盛られたスイカを三片ほどもってきてテーブルに置いた。きっとサービスなのだろう。自分で食べた残りかもしれない。そんなことはどうでもよかった。僕はなんだかうれしかった。誰も知りあいのいないチェンラーイという街で、僕を知っている人がいる。それだけで救われたような気がした。

ビールもあった。おばさんはまた手招きをした。食堂の奥の調理場に入り、今度は吊してある表面が赤い肉を指差してみた。おばさんは脇に置いてあるご飯はいるか、と身ぶり手ぶりで訊いてくる。わかっていたのだ。肉をビールのつまみにするのか、定食のようにして食べるのか……と。僕はご飯はいらないと手を振ると、おばさんは笑顔をつくって席に座っていろと手ぶりで伝えてくれた。

出てきたのは、ピンク色のプラスチック皿に盛られた肉のスライスだった。脇に輪切りのキュウリが添えられ、タレがかけてあった。焼き豚だった。タレは甘辛い。それが食堂や屋台ならどこにでもあるムーデーンと呼ばれるものであることを知るのは何年も先のことである。

翌日もその店で昼と夜を食べた。計四回、同じ店に通ったことになる。

「この方法、いいかもしれない」

チェンラーイの最後の夜、ビールを飲みながら呟いていた。二日目は、もう迷うことはなかった。店が決まっていて、その店のおばさんが笑顔で迎えてくれるとわかると気分がスーッと楽になった。

チェンラーイには、もっとしっかりとした料理があるのかもしれない。僕が通った店は、バスターミナル脇にある屋台に毛が生えたような店だ。おばさんは料理の専門家でもない。この店の裏に住んでいる主婦なのかもしれない。彼女がつくる料理は、家庭料理の域を出ていない気がする。当時はなかったが、もしチェンラーイのガイドブックができたとしても、絶対に掲載されることはない。バスを降りた客、バスを待つ客、近所の人がやってくる店にすぎない。食通といわれる人なら、そのリストからは外すだろう。

こういう店でなければ、タイの庶民料理を味わうことができない……などと構えた言葉を綴るつもりはない。しかしこの店のおかげで、チェンラーイの滞在が楽になった。そしておばさんにいわれるままだったが、いろんなものを食べた。こういう店が見つかれば、僕はまたチェンラーイにやってくることができる。ここが旅を支える食堂のようにも思うのだ。

僕は食通でもないし、絶対味覚のようなものもない。なんでも口にできる体質でもある。だからバスターミナルに近い名もない食堂に通うことができたのかもしれないが、それが旅の財産という気がするのだ。

同じ店に何回も通う。その土地の名物料理を出す有名店には脇目も振らずに足を運び続ける。そのなかで、僕にとってのその街の輪郭ができていくような気がする。

出稼ぎ夫婦の決断？

そんな旅のスタイルをいまも続けている。

二〇一六年暮れ、中国の蘭州にいた。広州から列車に乗ってラサまで向かい、そこから蘭州までくだってきた。そこから上海までも列車のつもりだったのだが、列車に乗り疲れてしまった。上海まで安い飛行機を使うことにした。飛行機は少し混みあい、予約が入ったのは二日後だった。

見つけた宿の近くに廃材を集めてつくったような商店街があった。両側には立派なビルが連なっている。その間の道は広く、中央分離帯に商店が並んでいるような構造だった。不思議な一画だった。

「蘭州っていえば羊料理でしょ。イスラム教徒の回族が多いから」

同行したカメラマンと会話を交わし、羊肉と書かれた一軒に入った。この廃材商店街の店はどこも小さい。テーブルを四個も置けばいっぱいになる広さだ。メニューがなかった。どうも羊肉の単品料理だけで勝負している店のようだった。先客がいた。中年の男女だった。彼らの前には、茹でた羊肉の塊がごろんと置かれていた。彼らはそこに、香辛料の入った塩をぱらぱらとかけてかじりついていた。豪快といおうか、野蛮といおうか。これは蘭州の名物料理のひとつなのかもしれなかった。

僕らの前にも、羊肉の塊がどんと置かれた。先客に倣って塩を振りかけてかぶりつく。臭みはまったくなかった。脂も少なく、思った以上にさっぱりしている。しかしあたり前の話だが、羊肉しか口にするものがない。塊はそこそこの大きさだったが、骨が大きく、肉はそれほど多くない。なんとなく肩透かしを食ったような気分で店を出た。

そこから四、五軒先だったろうか。中国ならどこにでもありそうな店があった。もう少し食べようかと、店先のメニューを見た。安かった。一品が十元、約百六十円という料理もある。

店に入ると、小学生らしき子供がふたり。テーブルで勉強をしていた。隣の席にはふたりの学生が炒めた麵を食べていた。安いメニューだった。しばらくすると、天井でミシミシとした音がして、主人と奥さんが急な階段を降りてきた。

ふたりの学生が帰り、子供たちが二階にあがると、店のなかは静まり返ってしまった。主人と会話をしようと思っても、共通の言語がなかった。店には一時間ほどいただろうか。厚いコートを着こんだ中年男性が入ってきた。同郷の知り合いのようだった。鞄のなかから豆の入った袋をとりだして渡していた。

中年男性はスマホで撮った写真を夫婦に見せていた。彼は僕らに向かって、「チェンジ」という英語を口にした。

「チェンジ?」

写真を見せてもらうと、農村の一軒家だった。かなり古い家でドアは壊れ、窓ガラスも割れている。

ひょっとしたら……と思った。中国は三十年以上前から出稼ぎがひとつの流れになっていた。農村では暮らすことができず、都市にやってくる人々の群れだった。その動きは盲流と呼ばれた。多くが工場や建設現場で働きはじめたが、それから十年、二十年……彼らのなかには金を貯め、地方から出稼ぎでやってきた人々向けの食堂を開く人がいた。そんな店や雑貨屋などが集まり、工場地帯や都市の一画に、商店街ができあがっていった。

ひょっとしたら、この一画はそのひとつなのかもしれなかった。

地図を聞き、中年の男性に、写真にある家の場所を訊いてみた。彼は甘粛州の永登県あたりを指差した。蘭州からだいぶ離れている。いまはマイナス二十度にもなる寒風に晒されているのかもしれない。黄土高原に広がる甘粛州は標高が高い。この蘭州も千六百メートルの高さがある。

中国ではいま、出稼ぎ者たちを出身地に帰そうとする動きが加速している。出稼ぎ組が暮らすのは沿岸部一帯や都市部である。彼らを農村に戻し、地方を活性化しようとする青写真である。常にトップダウンで行われる中国の政策は、ときに強引に進められる。

その標的のひとつが、出稼ぎ組がつくった商店街だった。元々、不法占拠だったのかもしれない。とり壊す口実はいくらでもある街だった。

店を出、凍った道をホテルに戻った。廃材商店街には、あちこちにチラシが貼ってあった。街灯の光を頼りに読んでみる、正確なところはわからないが、この一帯の衛生問題に関する告示だった。ひょっとしたら、この一画は上水道や下水道の設備がないのかもしれない。

「もうじきとり壊しがはじまる」

そんな噂がこの一画を飛び交っているのかもしれなかった。食堂を営む夫婦は田舎に帰る決断をしたのだろうか。

翌日の夜もこの店にいた。豆腐と野菜の炒め物、やきそば、青菜炒め……メニューの数はあまり多くない。中国の食堂ならどこにでもある料理ばかりだ。魚を使った高級料理はなにもない。客を見ていても、定食やそばをわさわさとかき込んで出ていってしまう。安さだけで生き延びている店のような気がした。

二階からは子供が教科書を読んでいる声が聞こえてくる。氷点下の気温だというのに、店には暖房ひとつない。二階の子供たちはふとんにくるまって教科書を開いているのだろう。

農民の多くが沿岸部や都市に流れていってしまった農村は荒廃しているところも多い。村によっては学校もなくなってしまったらしい。

店を出、廃材商店街を歩いてみた。ざっと数えただけで三百軒はある。次に蘭州に来たときには、この一画は跡形もなく消えているのかもしれない。温厚そうな主人だった。料理は奥さんの担当らしい。狭い厨房で炒め物中心の料理を次々につくっていく。

同じ店に何回も通う。言葉は通じないが、たしかにその街の姿が少しだけ見えてくる。それはときに明るい話だけではない。そんな空気が、冷え込む店内から伝わってきてしまう。グルメとはなにも関係のない食の話だが、僕には大切な旅の食でもある。

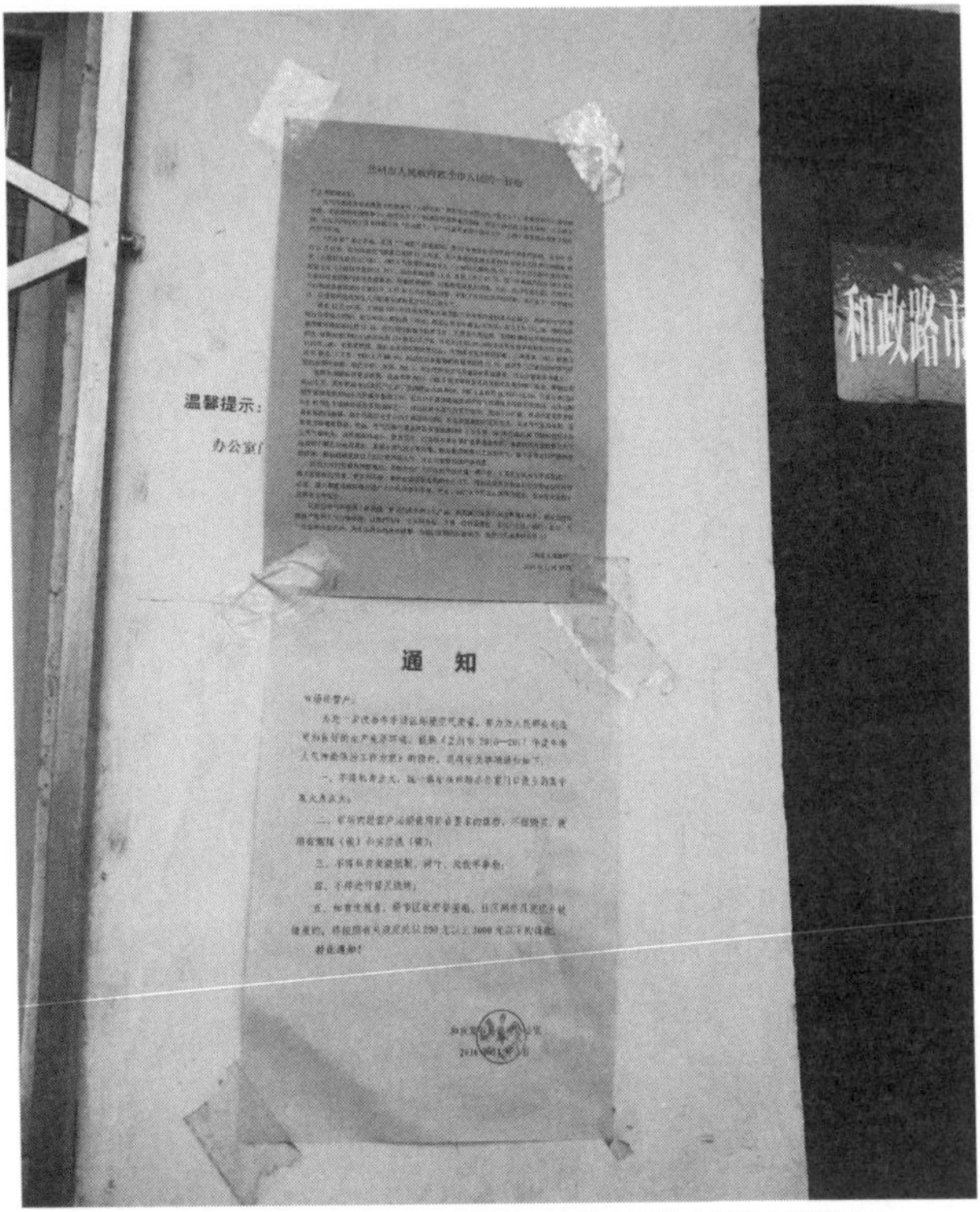

蘭州の廃材商店街に貼りだされていた通告。中国人は撤去勧告と理解する

コラム 3

目立たないことが安全

旅先でスリやかっぱらいの被害に遭うことがある。財布を盗まれた場合、困るのは現金というよりクレジットカードだろうか。両替せずにクレジットカードでＡＴＭから現地の通貨を引きだす機会も増えている。

海外には特別にスリが多いとは思わない。たまたま難民が流れ込み、そのエリアの治安が悪化していくということはある。しかし一般的な環境で、海外のほうがスリが多いわけではない。おそらく日本と大差はない気がする。ところが、日本ではスリに遭ったことがないというのに、海外で財布を盗まれる人がいる。

理由はある意味、単純である。

目立つからだ。

日本にいるとき、その種の被害に遭わなかったのは、おそらく日本人のなかに紛れてしまったからだと思う。姿や顔つきが日本人だからだ。

ガイドブックなどにはスリに遭わないテクニックなどが載っている。サブザックやショルダーバッグは、体の前にくるようにもつ。財布のなかに大金やクレジットカードをいれない……など、こと細かに書かれていることもある。この種の対処法は誰でも思いつくから、いろいろと書けるのだろう。一定の効果はあると思う。しかし、その対処法を実践したからといってスリに遭わないわけではない。

最も安全な方法は、外国人だとすぐにわからないようにすることだ。こうして現地の人に混ざりあってしまうように旅をすれば、その種のよからぬ輩の視線をすり抜けていってしまう。しかしこの目立たなくするというのは難しい。顔だちや肌の色はどうすることもできない。現地で日に焼けるといいという人もいるが。ポケットがいくつもあるジャケットに頑丈そうな靴……いかにもバックパッカーですといった風貌は意外に目立つものだ。

アジアの寺院や名所のなかには、外国人は有料だが、現地の人は無料というところが少なくない。たとえばバンコクにあるワット・プラケオ。エメラルド寺院としても知られている。パッケージツアーでは必ず訪ねる寺院である。バンコクで最も有名な観光地かもしれない。

この寺院に入るには入場料がかかる。しかしそれは外国人に限ってのこと。タイ人は無料

ワット・プラケオ、ワット・ポー、そしてこのワット・アルン。観光客向けバンコク寺院の3点セットといわれる

である。

バンコク滞在中に、日本から知り合いがやってくると、観光案内をするときがある。まず、ワット・プラケオに行くことになるのだが、僕は入口の外で待っていたことが何回もある。ワット・プラケオは何回も訪ねている。寺院や博物館のなかにある解説も覚えている。そうなると、自分の分の入場料を払って入場する前に迷ってしまうのだ。

知人にバンコクに暮らして八年という女性がいる。彼女はバンコクに住んでいるから、日本からやってきた知人の観光のアテンド回数は僕などよりはるかに多い。

ワット・プラケオはもう、数え切れないほど訪ねているというが、数年前から一回も入場料を払っていないという。タイ人だと見られているのだ。

「一度、五人ほどの日本人と一緒に、ワット・プラケオに行ったんです。自分の分の入場料を買うのを忘れて、入口まで行っちゃったんです。そうしたら、すっと入っちゃったんです。そこにいた係の人が、私をタイ人だと思ったみたい。日本人観光客を引率するタイ人ガイドに見えたんでしょうね。それからずっとただ。入口では日本語を話さないように注意していますけど」

その話を聞きながら、まじまじと彼女を見てしまった。肌はそんなに焼けているわけではない。服装もとりたててタイ人らしいわけではない。もっともいまは、タイ人女性のファッションも国際化している。ユニクロなどの日本ブランドも多い。服装だけの判断はなかなか難しい。

そのとき彼女の携帯電話が鳴った。彼女は電話機を手にとると、カフェの外に出て行った。

「……!」

あれかも……と思った。その振る舞いが妙にタイ人っぽいのだ。とくに歩き方が似ている。なんといったらいいのだろうか。だらっとしているのだが、まっすぐに歩く。そんな感じだ。おそらく彼女は、バンコクに暮らしはじめて、その身のこなしを覚えたわけではないと思う。日本にいたときからそうだったのだ。天性とはこういうことをいうのかもしれない。

しかし現地の人々の身のこなし方を身につけるのはなかなか難しい。外国人ができることは、やはり服装だろうか。現地に行って着るものを買ったほうがいいのだろうが、そこまでいかなくても、ごく普通の格好をするだけでかなり紛れることができる。海外旅行だからといって、特別の服装をしない。そこがポイントのように思う。そして目立った行動は避ける。これだけでスリに遭う確率はかなり減るはずだ。

アジア点描②（ミャンマー）

第四章

英語を喋らない

慌てて喋らずに黙っていればいい

旅を重ねるごとに、海外で話す言葉の量が減ってきている気がする。僕が習った言語は、学生時代の英語とドイツ語、個人でバンコクの語学学校に通って学んだタイ語だけである。ドイツ語は記憶のなかにはほとんど残っていないから除外すると、英語とタイ語ということになる。あたり前の話だが、タイ語はタイ以外の国では通じない。ということは、海外で話す言葉の大半は英語ということになる。

英語とタイ語を習ったが、その内実はお寒いかぎりだ。日常会話はなんとかこなすが、それ以上となると、まったくの中途半端である。タイに行くたび、もう一度しっかりとタイ語を学ばなくては……と思う。英語圏を歩くと、日本に帰ったら、英語学校に通わなくてはと唇をかむ。その程度である。

タイ以外の海外では、英語が頼みの綱になるのだが、英語をネイティブな言語にしている国に向かう機会は少ない。もっぱら、英語が通じない国ばかり歩いている。

だから英語を話す機会が減ってきている——いや、そういうことではない。英語が通じない国をよく旅するのは昔からのことだ。若い頃の旅と比べて、英語を口にする量が減ってきている気がするのだ。

年のせいかとも考えてみる。僕は六十歳をすでに超えている。なんだか気難しい無口な老人への道を歩いているのではないかと思う。年とともにそれぞれの性格がにじみ出てくるかもしれないが、舞台は海外である。英語を話さなければならないことは少なくない。

若い頃、旅先ではわからないことだらけだった。長距離バスに乗るときも、いったい何時にバスターミナルにやってくればいいのかが不安になる。荷物はちゃんと預けることができるのか、と気になる。そんな心配ごとばかりが重なって、つい、バスターミナルの職員に訊いてしまう。現地語がわからないから、英語を口にすることになる。

二〇一七年の九月、インドネシアのスマトラにいた。メダンから、北へひと晩バスに乗ってロクスマウェに行こうと思った。このエリアの長距離バスは、ひとつの大きなバスターミナルに集まるのではなく、会社ごとのターミナルになっていた。バスの出発は夜の十一時だった。夕食をすませ、十時少しすぎに待合室に入った。

このバス会社は北部のアチェやロクスマウェ行きのバスを運行させていた。切符を買うときにわかったが、夜の八時以降、一時間おきにバスが発車することになっていた。十一時のバスは最終のバスだった。

ところが、バス乗り場には二台のバスが停車していた。定刻に発車するなら、十時のバスは出た後で、最終のバスが一台、出発の準備をしているはずだった。

このとき、ふたりの同行者がいた。待合室に座る僕にひとりが口を開いた。

「どうしてバスが二台あるんでしょうね。乗るのはどっちなんだろう」

「さあ……」

「下川さん、気になりませんか？　ちょっと訊いてきますよ。切符売り場のスタッフは少し英語がわかるから」

チケットカウンターに向かう知人の後ろ姿を眺めながら、昔の僕ならきっと訊きに行っていたような気がした。腰が重くなったのだろうか……などとも考えてみたが、少し違う気がした。僕のなかでは、最近のアジアのバスはかなり正確なスケジュールで運行されている思いがある。たしかに昔はトラブルが多かった。発車間際になって、エンジンがかからないことも何回かあった。代わりのバスがなく、修理が終わるまで延々と待ったことも何回かある。発車してすぐにタイヤがパンクしたこともあった。しかし最近は、そんなトラブルはほとんどない。バスもボルボの高級車を使っている国が多かった。

しばらく前、ミャンマーで乗ったバスが横転事故を起こしたことがあった。峠越えの悪路だった。くだり坂でブレーキが効かなくなったことが原因だった。バスは日本のＪＲの中古バスだった。

そのときはなんともない気でいたのだが、翌日から胸が痛みはじめた。なんとか旅を続けたが、後になって肋骨が三本折れていたことを知らされた。事故は大変だったが、ぼくは現場から乗り合うタクシーに乗せてもらい、峠をくだったパアンまで着いた。そこには、目的地のヤンゴンに向かう新しいバスが待っていた。僕は予定通りにその夜、ヤンゴンに着いてしまったのだ。事故が起きても、乗客を最終目的地まで運ぶ。アジアのバスは、そこまでスケジュールに厳格になっていた。

そういう経験を重ねながら、僕のなかで、アジアのバスへの信頼感のようなものが育ってきたように思う。

メダンのバス会社のターミナルで、バスが二台停車していても、さして心配することもなくなってきていたのだ。

「一台は十時発のバスだそうですが、乗客がひとり遅れていて、それを待っているそうです」

知人は僕にそう伝えてくれた。

いたずらに心配しなくてもいい。最近の僕はそう思うことが多くなった。焦らなくなったということかもしれない。慌てて拙い英語を口にするより、状況を見ることのように思う。昔はこれがなかなかできなかった。

アジアのバスへの信頼感にしても、百パーセントというわけではない。これまで何回もバスのトラブルに遭ってきた。その顛末を振り返れば、最終的には運転手やバス会社に委ねるしかなかった。そこで思い悩んでもしかたなかった。自分の力ではどうすることもできないのだ。

そんな流れが身についてきたということかもしれない。そう心に決めてしまえば、気分は楽になる。「まあ、なんとかなるだろう」と思えるようになれば、自然と落ち着いてくる。「こんなときはどう伝えればいいのだろう」と頭のなかで英文を組み立てる必要もなくなってくる。ただ黙っていればいいのだ。

信じればおのずと言葉は減っていく

カンボジアのシェムリアップ。アンコールワット観光のおひざもとの街だ。ここから首都のプノンペンまでバスで向かったことが何回かある。船でトンレサップ湖をくだってプノンペンに出る方法もある。どちらもチケットは簡単に買うことができる。シェムリアップを出発するバスや船には送迎サービスがついている。ホテルからバスターミナルや船着き場まで送ってくれるのだ。チケットを買うとそう伝えてくれる。たとえば、「朝八時にマイクロバスで迎えに行きますから」と……。

乗客はその時刻までに荷物をまとめ、ホテルのフロントで待つことになる。

しかしこのマイクロバスがなかなか来ない。

十分が経ち、十五分がすぎる。しだいに心配になってくる。このマイクロバスはホテルを一軒、一軒まわり、予約の入っている客をピックアップしていく。予約客のなかには、荷物をまとめるのに手間どり、約束の時間に遅れる人がいる。マイクロバスの運転手はその客を待たなくてはならない。路地のなかにあるホテルもある。そこまでの道に車が詰まっていることもある。そんななかを巡回していくわけだから、どうしても遅れがでてくる。

僕も何回か経験している。時刻を気にしながら、ホテルのフロント前で待つ時間は、精神的によくない。いっそのこと、このサービスをやめてくれたほうがよほど気が楽……と思ったことは何回もある。バスターミナルや船着き場は、シェムリアップの市街から遠いわけではない。トゥクトゥクというオートバイの後ろに座席がついた荷台をとりつけた三輪タクシーに乗れば簡単に行くことができる。料金はかかるが、ホテルのフロントでなかなか姿を見せないマイクロバスを待つよりはイライラせずにすむ。

こんなとき、いつも

「これがアジアに慣れる試金石だ」

と心のなかで呟くことにしている。マイクロバスが少し遅れたところで、なんとかなるのがアジアなのだ。

日本人のなかには、何回となくフロントに出向き、「まだ来ないの？」、「マイクロバスの運転手かバス会社に電話をしてくれませんか」と英語で伝える人がいる。なかにはマイクロバスを待ちきれず、自分でトゥクトゥクに乗ってバスターミナルまで行った人の話も耳にした。

しかしいつも、僕は黙って待ち続ける。心中は決して穏やかではないが、きっとなんとかなる……と念じている。

すると、やっとマイクロバスの運転手が、さして焦った様子も見せず、カンボジア人らしい笑顔を湛えて現れるのだ。そんなとき、いつも思う。

黙っていてよかった……と。

シェムリアップのホテル、そしてバス会社や船会社には、「迎えのマイクロバスがやってくるのが遅い」という苦情が何件も寄せられているのかもしれない。しかし彼らはピンときていないと思う。だからシェムリアップ式サービスをやめようとはしない。それは、彼らがアジアらしいのんびりとした性格の持ち主だからというわけでない。

冷静になって考えてみてほしい。マイクロバスの運転手は、客がどの会社のバスや船に乗るかを把握しているのだ。もし、大幅に遅れが出てしまったら携帯電話で連絡を入れるはずだ。それを受けた会社は、出発を遅らせ、その客が到着するのを待つ。カンボジア人にしてみれば、なんの問題もないことなのだ。それなのに、日本人だけが勝手に苛だっている。

反論もあるかもしれない。もし、連絡がうまくいっていなかったらどうするんですか……と。マイクロバスの運転手がまわるホテルを一軒忘れてしまうこともあるかもしれない。たしかにカンボジア人は、日本人に比べればゆるいところがある。仮に忘れたとしても、バスや船の切符があればなんとかしてくれる。次の便になってしまうかもしれないが。そのあたりの責任問題は、カンボジアといえども守られる。そういった面では、日本と大差はないと思っていい。

違いがあるとすれば、時間感覚のちょっとしたずれである。十分の遅れを、どう受けとるかといった違いだろうか。

仮に日本にも同じようなシステムがあったとする。迎えの車が十分遅れる。せっかちな人はフロントにいうか、自分で連絡をとるかもしれない。しかし、シェムリアップのホテルで待つほどの心労はない。フロントに訊ねる人も少ない気がする。

そこに横たわっているものは、信頼の問題だろう。日本人は日本を信じているが、カンボジア人を疑っているのだ。もうそんな時代ではないというのに、刷り込まれてしまったアジア人への不信から抜けでることができない。

焦りを伝えるものは言葉しかない。黙っていれば丸くおさまるものを口にしてしまう。しかし英語だから満足に伝えることができない。よけいに苛だってしまうのだ。信じればいいだけのことだ。そうすればおのずと言葉は減っていく。

シェムリアップでは、この種のトラブルの後日談もある。ある日系のゲストハウスで聞いた話だ。

船に乗る予定でマイクロバスを待っていた。しかし到着が遅れ、待ちきれなくなった日本人は、自らトゥクトゥクに乗って船着き場まで行った。その五分後にはマイクロバスは到着したというのだが、帰国したその人は、ゲストハウスにメールを送ってきた。トゥクトゥク代の請求だった。

本来は船会社に要求する話だろうが、その連絡先がわからない。ゲストハウスは船切符を代行して買っただけの話である。いや、そういうことではない。トゥクトゥク代を請求する日本人の感覚である。

アジアにはアジアの流儀がある。それに染まるような旅が身についていけば、意外なほどスムーズにことが運ぶ。発する言葉も少なくなる。

シェムリアップ。住民の3割はアンコールワット観光にかかわる仕事に就くという観光タウン

むしろ欧米のほうが口にする言葉が多くなる気がする。会話や書類でしっかりと伝えることで、社会が成り立っているからだろうか。いや、欧米社会は人件費をいかに安くあげるかという流れのなかで動いている。そこでは自己主張がウエイトを占めてくる。

電話に向かって叫ぶ!

かつてグルジアと呼ばれたジョージアの首都トビリシから、ウクライナ国際航空でパリに向かったことがあった。ウクライナのキエフにあるボルィースピリ国際空航で飛行機を乗り換えた。そしてパリのシャルル・ド・ゴール空港。トビリシで預けた荷物が出てこなかった。ロストバッゲージである。そこにいたスタッフが調べてくれた。まだボルィースピリ国際空航にあることがわかった。パリに向かう便に積み込まれなかったのだ。

「次の便は明日。その便で届くように手続きをします」

そういって一連の書類と配送会社のチラシをくれた。そこには連絡先が印刷されていた。

「明日、そこに連絡してください。宿泊先のホテルまで届けます。うちが契約している会社です。そこにがんがん連絡してください。無料電話ですから」

ウクライナ国際航空のスタッフは、自らのミスを配送会社に転化するかのような口ぶりだった。

翌日の午前中、配送会社に連絡をとった。話好きそうなおばさんが出た。この会社は航空会社五社のロストバッゲージの配送を請け負っていた。ウクライナ航空がいちばん多いという。乗り換え時間はどのくらいだったのかと訊いてきた。

「一時間」

と答えると
「そりゃ無理だね。キエフの空港だろ？　あそこは一時間じゃ積み換えができないんだ。今日、荷物が多い理由がやっとわかった。二十個もある」

「二十個……」

「それを届けるのは大変なんですよ。パリ市内は道が狭いし、渋滞も多いからね」

これは何回か電話をかけるしかないと思った。おそらくひとりの運転手がまわるはずだ。どういうルートで配送していくかはわからないが、強くいわないと届くのが遅れる。幸いわかりやすい英語を話す女性だった。フランスだからネイティブというわけではない。僕の英語力でも強く押せそうな気がした。一時間後に再び電話をかけた。これから空港を出発するという。ひょっとしたら、電話に出たおばさんが配るのかもしれない。

「なかに大切な書類が入っているんです。早く届かないと仕事にならないんです」

ビジネスマンを装った。

「わかりました。最初のグループで届けるから」

「グループじゃ困る。最初じゃないと」

「市内は渋滞だからね」

一時間後にはまたかけた。結局、荷物が届いたのは夜の八時頃だった。最初というわけにはいかなかったが。

二〇一七年の六月。バンクーバーに向かった。そこでもロストバッゲージに遭ってしまった。ユナイテッド航空だった。コールセンターの電話番号が書かれた紙を渡された。翌日から、そこに連絡をとれという。料金はかからない電話だった。

ホテルに一泊し、翌朝、コールセンターに電話をかけた。テープが流れ、その指示に従って番号を押す。やがて電話が鳴る音が聞こえてきたが誰も出ない。それを三回繰り返した。コールセンターになかなかつながらないことは珍しくないが、それでは困るのだ。着替えの衣類がひとつもない。その日の夜にトロントに向かう列車に乗ることになっていた。どうしたらいいのだろうか。困ってフロントに相談にいった。

「コールセンター、出ない……。簡単よ。叫ぶのよ。電話に向かって」

「叫ぶ？　相手が出ないんですよ」

「それでも叫ぶわけ。やってあげましょうか」

フロントの女性にコールセンターの番号を渡した。僕と同じように何回か番号を押す。そしてしばらくすると、彼女が突然、大きな声で話しはじめた。何回か同じ言葉を繰り返している。と、急に声のトーンがさがった。

つながったようだった。

彼女が僕に代わって、ロストバッゲージについて訊いてくれた。まだどこの空港にあるのかわからないという返事だったという。

「アメリカやカナダのコールセンターはとにかく出ない。ルルル……って音を聞いていちゃダメ。そこで叫ぶ。すると出てくれるから。頑張ってね」

そういうものなのか。

以来、スマホに向かって叫ぶ日々が続いた。自分の名前、ロストバッゲージだということ。着るものがないということ……。

話す内容も覚えてしまった。

そうすると、不思議なことに、電話の向こうから声が聞こえてくるのだ。インド英語だった。ユナイテッド航空のコールセンターはインドにつながるようだった。

荷物が見つかったのは六回目の電話だった。バンクーバーを発車した列車がロッキー山脈のなかを走り抜けて到着したジャスパーの駅だった。預けた荷物は見つかったが、東に向けて移動する列車に乗る身である。荷物を受けとることができない。受けとったのは、バンクーバーを出発して五日目に到着したトロントの空港だった。日本を出発して一週間、着替えはできなかった。同じシャツと下着を身につけ続けることになってしまったが。

会話をせずにすむ方法

話をアジアに戻そう。

アジアで黙っている理由はもうひとつある。英語で聞き、仮に答が返ってきたとしても、満足な内容ということはまずないからだ。

僕は旅の本を書き続けている。さも旅先でたくさんの人に話を訊きながら原稿を書いていると思うかもしれないが、そんなことはまったくない。だいたい英語のワン、ツー、スリーも通じないエリアが多いから、話を訊くなどということははるか先のことなのだ。しかしフィクションではない旅行記の世界だから、嘘を書くわけにはいかない。わかる範囲と、彼らの表情や行動から推し測っていくことになる。

現地で相手がいろいろと説明してくれるケースはまずない。三章でアジアの食堂の話をした。たとえばテーブルの上にひとつの料理が出てきたとする。

「What kind of dish is this?（これはどんな料理？）」

と英語で訊いたとする。ある程度、英語を理解する人が出てきたとして、質問の意味がわかったとする。しかしその先を英語で伝えることができる人は、僕が訪ねるエリアにはまずいない。彼らはその料理の素材やつくり方を現地語では理解している。しかし野菜名ひとつ英語にできなかったら、説明の方法がないわけだ。

だから僕はそんな質問はしない。無駄だとわかっているからだ。それよりもまず食べてみる。う〜ん、この風味は八角だろうか。こうやってニンニクを使うのか。そんな味覚のほうを大切にする。実際、日本に帰って、知人に説明するときも、口をついて出てくるのは、自分の舌が感じとった感覚のように思う。そこにはグルメブログやガイドブックの内容は入り込んでいない。

こうしてひとつ、ひとつ、会話というものを考えていくと、互いに満足ではない言葉のやりとりはほとんど意味がなくなってきてしまう。人は言葉でコミュニケーションをとっていくが、その言葉が思うように使いこなせないときに、人と人をつなぐものは、互いの意識や行動や表情になる。それが勘というものなのだろうと思う。

旅をするとき、どうしても会話を交わさなくてはならないときもある。乗り物を利用するときだろうか。タクシーやトゥクトゥクといわれる三輪タクシー、バイクタクシーを利用する人もいるだろう。タクシーは運賃メーターが普及しつつあるが、それ以外の乗り物になると交渉が必要になる。カンボジアやミャンマーは、タクシーも乗る前に運賃を決めることになる。

日本人の多くが、この運賃交渉が苦手だ。これまで交渉などしたこともなかったということもあるが、それ以上に、騙されているのではないか……という不信感があるからだ。

さまざまな国を歩いてきたが、運賃をふっかけてくるという行為は、素朴なアジアの村のなかでも体験する。それは僕が外国人だとわかるからだが、そんな習慣などなさそうなところでも、しっかりやられてしまうのだ。人を乗せて運賃をもらうという職業に就く男たちは、もともとそういう遺伝子をもっているのではないかと思うほどだ。

根っこに不信感があるから、運賃メーターがついたタクシーも信用できないことになる。無理と遠まわりをされた……という話をよく聞く。

僕もこの運賃交渉が得意ではない。これまでも、数かぎりなくぼられている。運転手たちが皆誠実な人だったらどんなに心穏やかに旅ができるだろうと思う。

昔はよく、運転手たちと交渉をしてきたものだが、最近は、その場でも口数が減ってきていると思う。自分の勘を頼りに、信ずることができそうな運転手がやってくるまで、何台もやりすごすコツがようやく身についてきたからだ。そのためには、運賃の相場感がある程度は必要なのだが。

プノンペン市内から空港に向かうとしよう。僕はバイクタクシーに乗ることが多い。物価の上昇が激しいプノンペンだが、五ドルから七ドルほどだと思う。プノンペンに限らず、カンボジアは道を歩いていると、バイクが近づいてくる。こういう運転手のバイクはまず乗らない。道で走っているバイクに手を挙げて停める。

「空港まで」

そういって

「十ドル」

という金額が返ってきたら歩きはじめる。そのとき、運転手の表情やしぐさを見る。誠実そうな運転手で、後ろから

「七ドルでいいよ」

という声が聞こえてきたら、乗るときもある。どことなく引っかかるものがあったら、値段をさげてきても無視する。そのへんは勘なのだが。

ただこれを繰り返していけばいい。よさそうな運転手で五ドルから七ドルの値段を口にするバイクタクシーに出会うまで続けるわけだ。大変そうに思うかもしれないが、プノンペン市内には、もううじゃうじゃとバイクタクシーがいる。意外なほど簡単に見つかる。

昔は手を挙げて停めた車やバイクと、延々と交渉を続けた。ときに向こうのいい値が少しさがったところで乗ったことも多かった。なぜ、最初に停めた車やバイクにこだわってしまったのだろうかと思う。

そしてこの方法を身につけてから、会話の数がぐっと減った。「空港まで」とひと言いうだけで終わってしまうことも珍しくない。

バングラデシュは人口密度が高い国だ。北海道の二倍ほどの面積の土地に一億六千百万人を超える人々がいる。当然タクシーやＣＮＧと呼ばれる三輪タクシーの運転手も困るくらい多い。

僕はバングラデシュ南部のコックスバザールという街で、小学校の運営にかかわっている。さまざまな相談があり、年に一、二回は訪ねている。以前バングラデシュの国内線の飛行機は不安定だった。ダッカからコックスバザールまで、一応、便があることになっていたのだが、ダッカに着いてみるまでわからなかった。そのため、確実に飛行機があるチッタゴンまで行き、そこからバスでコックスバザールに行くことが多かった。

日本が冬の時期、バングラデシュも快適な気候を迎える。ところがこの時期、昼と夜の寒暖差が大きくなるのか、濃い霧が発生する。そのときも霧で飛行機が遅れ、チッタゴンに着いたのは夜になってしまった。

そのとき、日本から同行してきた女性がふたりいた。ひとりなら、チッタゴンに泊まり、翌日のバスで行ってもよかったが、タクシーでコックスバザールまで行ってしまうことになった。

バングラデシュの空港はどこもそうなのだが、空港の出口になんの目的でそこにいるのかわからない男たちがぞろぞろいる。ダッカの空港はいつも千人以上の男がいると思うが、チッタゴンはそれほど多くない。四、五百人といったところだろうか。飛行機を降りた客は、この男たちに囲まれることになる。ましてや僕らはコックスバザールまで四、五時間、タクシーに乗るつもりだった。狼の群れのなかに入っていく羊のようなものである。

空港を出たところで、「コックスバザール」と口にした。距離から考えてCNGという三輪タクシーは難しい。一般車になるのだが、チッタゴンには正式なタクシーがない。いってみればすべてが白タクである。

僕らの周りに、三、四十人の男たちが集まってきた。全員がタクシードライバーなのかどうかがわからない。そしてコックスバザールまでの運賃相場もわからなかった。しかし長い距離だから、かなりの収入になる。彼らは興奮ぎみだった。

すると彼ら同士で運賃を口にするようになった。ベンガル語だからわからない。あっけにとられたように眺めていると、ひとりが僕に向かって英語を口にした。

「一万タカ」

タカはバングラデシュの通貨である。いまは一タカが一・三五円ほどだが、当時は約一円だった。一万タカは一万円になってしまう。僕は首を横に振った。そして、「ドル」と伝えた。両替はコックスバザールでするつもりだった。手元にはアメリカドルしかない。再び運転手たちの口論のような声に包まれた。

インドやパキスタンで、しばしばこういう場に遭遇した。客をそっちのけで、運賃の話がはじまるのだ。

こういうときは、どんと構えることだった。その輪に加わらず、平静を装いつつ黙っているのだ。動揺してはいけない。僕は少し離れ、そこにあった植え込みの脇に腰をおろした。相変わらず、彼らはいい合っている。どうも値段がさがりはじめている気配だった。放っておけば、しだいに運賃がさがっていく。なんという男たちかと思ったが、輪に加わっても疲れるだけだ。ひとりが、僕に向かって、「百ドル」と英語でいった。一万タカより高くなっている。僕は再び首を横に振った。

三十分ほど彼らはもめていただろうか。七十ドルまでさがったところで手を打った。

うろたえずにただ黙っている。それがコツのように思う。へたに表情を変えたりすると、値段を吊りあげてしまう。ただし提示された運賃は理解している顔をする。しかし高いとか、値切ったりはしない。表情を変えずにいる。そうすることで、「こいつはなかなか手強そうだ」という印象を与える。すると運賃をさげる男が出てくる。それにつられるように、別の男が値をさげる……。ただ黙っていればいいのだ。

動揺の表情を浮かべると、言葉がわかっていないような印象を与えてしまう。実際はベ

バングラデシュのダッカ空港。写真に写っている大多数が客引きだと思って間違いない

ンガル語なのだから、まったく理解できない。しかし黙っていることで、言葉を知らないことをカモフラージュできる。

海外では、英語を口にしない……その意味を少しわかってもらえただろうか。

しかし現地の言葉ができたらどんなにいいだろう……とこれまでの旅の道すがら痛感している。それぞれの国の人々の苦しみも共有できる。気の合う知人もできるかもしれない。それはやがて旅の財産に育っていくだろう。

しかしひとつの言語を習得することは大変なことだ。学生の頃は英語で苦労した。三十歳をすぎてタイ語を習い、その難しさに何回となく天を仰いだ。ひとつの言葉を身につけるということは、一年や二年でできることではない。

旅人のレベルで海外に出るときは、やはりできるだけ喋らないことだと思う。しかし、口にする言葉を少なくするためには、旅の勘のようなものが必要になってくる。そして、その国の人々を信じきる潔さのようなものが問われてくる。それはそれで難しいことなのだ。僕は旅先で口にする言葉が減ってきているが、それは長い間、旅ばかり続けてきた産物でもある。そしてまだまだ、不安に苛まれながら旅を続けている。

コラム4

人さえいればなんとかなる

言葉の通じない国を歩く……。辺境にわけ入っていく。それは心配なことかもしれない。都会にいれば、どこからか、英語がわかる人が現れる。ときに日本語を操る人もやってくる。本文でも紹介したように、黙っていても、なにかしらの方法にたどり着くことができることが多い。このほうがリーズナブルでもある。

しかし地方、とくに辺境といわれる世界に入ってしまうと、言葉どころか人そのものが減ってしまう。なんとか来てはみたものの、ぽつんと路上に立つだけで、どうしたらいいものか……と不安は膨らんでしまう。昔から辺境というか、その国の端っこが好きだった。以前はどこか浮き足立って辺境の地を踏んだものだが、最近は、妙に落ち着いて人の少ない土地に行くことができるようになってきた。

なんとかなる。

そんな心境である。やはり場数を踏んだということだろうか。

二〇一五年、タイからミャンマーに陸路で抜けることになった。いま、タイとミャンマーの国境には四つの越境ポイントがある。そのなかで、最も人の行き来が少ないところは、タイのカンチャナブリーからミャンマーのダウェイに抜けるルートだった。ダウェイからミャンマーの列車に乗るつもりだったから、このルートが好都合だった。

カンチャナブリーのバスターミナルから、ロットゥーと呼ばれる乗り合いのバンに乗って終点のナムトックまで行った。ここがタイ側の国境だった。イミグレーションでタイ出国のスタンプを捺してもらった。そこで、ミャンマーまでの道を訊いてみた。

「ミャンマーのイミグレーションまでは六キロはあるよ」

「六キロ？　バスとかタクシーとか……」

「そういうものはないね」

どうしようかと思った。ときどきこういう国境がある。国境はひとつなのだが、出入国の審査を行うイミグレーションが離れているのだ。このときはふたりの同行者がいた。

「六キロ？」

「歩く？」

タイは暑い。その道をとぼとぼと六キロ。とても無理そうだった。途中に家はなさそうだった。休む場所といったら、道端しかない。それでも五十メートルほど進んでみた。そこに、タイ軍のチェックポイントがあった。この国境はとくに政治的な問題は抱えていない。そこにいた兵士は、昼食を食べたのだろう皿をのんびり洗っていた。

「ミャンマーに行こうと思うんですけど」

兵士に声をかけてみた。

「そこで待っていなさい。ときどき車が通るから、乗せてもらえるかもしれない」

兵士との会話を同行するふたりに伝えた。

「ときどき車が通るっていっても……なにも通らなかったらどうするんですか」

「うろうろしていると遅くなっちゃう。国境からダウェイまでは五時間以上かかるらしいですよ」

同行のふたりは不安げな表情だった。しかしなぜか気にならなかった。

人さえいればなんとかなる。

これまでの旅の経験だった。自信があったわけではない。ひょっとしたら数時間待っても車は現れないかもしれない。仮に車が現れたとしても、乗せてくれるかどうか……。

最悪、兵士が寝泊まりするこのチェックポイントの軒下を貸してくれるかもしれない。イミグレーションの職員が民家を紹介してくれるということも考えられる。人さえいればなんとかなるはずだった。

二十分ほど待っただろうか。タイ側から一台の小型トラックが姿を見せた。

「あれだ」

急いで手を挙げた。運転手はミャンマー人のおじさんだった。彼は車を降り、荷台を少し整理してくれた。そこには草刈り機が置かれていた。おじさんはミャンマー人だが、タイ側で草刈りをしていたようだった。

ほどなくして車はミャンマー側のイミグレーションに着いた。おじさんはお礼も受けとらなかった。

人さえいればなんとかなる。

僕は心のなかでそう呟いていた。

アジア点描③（タイ）

第五章

ホテルの部屋で夕飯を食べる

店よりもはるかに気軽な部屋食

バンコクに住んで八年になるという知人がいる。彼は最初の一年、タイ料理以外一切口にしなかった。勤め先は郊外の工場。昼は社員食堂ですませ、夜はアパート近くのタイ人向け食堂に通っていた。

信念があった。タイ人を管理することが仕事だった。そのためにはタイ人を知らなくてはいけない。その入口がタイ料理だった。タイの料理は口に合った。辛さにもついていけた。

一年後、日本に一時帰国し、健康診断を受けた。血糖値が百二十を超えていた。年齢は五十歳手前。医師から、食生活を改めるようにいわれた。その病院の食事指導を受けたが、日本料理を食べることが前提だった。というより、タイ料理のカロリーなどは食事指導に含まれていなかった。

「やっぱり夕飯は日本料理にしないといけないか……」

彼の気持ちがわかる。僕も旅先では現地の料理派である。若い頃から貧しいバックパッカー旅を続けてきた。日本食は高く、とても手が出なかった。いや、それ以前に、現地では、その国の料理を口にしなければいけないと思っていた。その後、旅を原稿にまとめる仕事になった。現地の人々が入る食堂は話のネタになった。そんな旅を二十年以上続けてきた。食事をとるということは、街の食堂に入ることだった。

きっかけはロシアだった。それまでも何回か訪ねていた。食事には苦労した。食堂やレストランが少ないのだ。サハリンのノグリキという街を訪ねたのは二〇一二年の夏だった。サハリンの中心であるユジノサハリンスクから北に向かう夜行列車に乗った。その終点の街だった。着いたのは朝だった。ホテルに荷物を置き、朝食をとろうとカメラマンと一緒に街に出た。しかしレストランが一軒も見つからない。雑貨屋風の店はあるのだが、テーブルが置かれた店がない。

ノグリキは人口が一万人ほどの街だった。それほど大きくはない。十五分も歩くと、家が途切れはじめてしまった。ここから先は一軒の店もなさそうだった。

「どうしようか……」

ロシアのサンクトペテルブルグ。観光客向け高級レストランはあるが、庶民向けの食堂は少ない

カメラマンと顔を見合わせた。街に戻るしかない。結局、道沿いの雑貨屋でパンと飲み物を買い、近くにあった公園のベンチで食べるしかなかった。北緯五十二度に近い街だったが、太陽は明るかった。家々の庭には洗濯物が揺れている。短い夏である。

レストラン探しを兼ねて街を歩いた。やっと見つけたのは川沿いの仮設テントのような店だった。夏の間だけの店のようだったが、なぜかケバブ専門店だった。ロシアは広い国だ。ロシアのなかでもカスピ海に近いエリアにはイスラム教徒が多い。そのあたりから遠くサハリンまでやってきて店を開いたのかもしれない。

サハリンはチェーホフが描いたように、かつては流刑の島だった。シベリアやモスクワ近くからも罪人が送られてきた。最近はサハリン沖油田で働く人々が多い。ロシア各地からやってきた人々で構成されているのかもしれないが、日本からサハリンまでやってきてケバブというのも……と二の足を踏んだ。

街の中心に戻ると、公園脇の建物のなかに一軒の食堂を見つけた。昼どきだったが、店内は閑散としていた。なんとか昼食をとることができたが、味のない鶏肉のソテーを食べながら思い悩む。

「いったい街の人はどこで食事をしているのだろう」

訊くとノグリキには二軒のレストランしかなかった。この店と、もう一軒は駅前のカフェ。駅前といっても、街の中心からバスで二十分ほどかかる。それだけのレストランしかないというのに、客はほとんどいないのだ。

ウラジオストクから北に向かうシベリア鉄道に乗って三時間ほどのところにウスリースクという街があった。中国と北朝鮮からの鉄道はこの駅で合流する。僕が乗った列車は、接続の関係で、ウスリースク駅にひと晩、停車することになった。交通の要衝である、駅前には多くの店が集まっているかと思ったが、スーパーが一軒とレストランが一軒あるだけだった。この店がなかったら、僕は夕食を食べることができなかったわけだ。

ノグリキの街で、ウスリースクを思いだしていた。そういえばウスリースクのレストランも客が少なかった。

日が落ち、僕とカメラマンは、ノグリキ市街に一軒だけというレストランに向かった。昼と同じ店だが、ほかに選択肢がない。

昼と様子が違った。ドアからなかをのぞくと、パーティーが開かれていた。ウエディングドレスの女性が見えた。結婚のパーティーのようだった。

どうしようか。カメラマンがこういった。

「ホテルの部屋で食べますか」

「ホテルの部屋？」

「前、仕事でモスクワに滞在したんです。ロシア語を学び、モスクワに住んだことがあるライターと一緒だったんですが、夕飯はいつもホテルの部屋でした。ロシア人は旅先でそうする人が多いみたい。レストランが少ないですから。モスクワだけはかなりレストランがあるんですが、とにかく高い。だからホテルの部屋で食べてたんですけどね。スーパーでおかずやパンを買って」

なにか虚を衝かれた気がした。そうだったのか。ロシアにレストランが少ないのはそのためだったのだ。皆、雑貨屋風の店やスーパーで惣菜やパン、飲み物を買ったり、自宅で料理をして食べていたのだ。旅行者ならホテルの部屋ということになる。

なにか開眼したような思いだった。

方針を変えた。ノグリキにある雑貨屋風の店やスーパーをのぞいてみると、惣菜類が実に充実していた。トレイにさまざまな料理が並んでいる。それらを指差すとペカペカとしたプラスチックケースに百グラム単位で入れてくれる。料理によっては電子レンジで温めてくれた。僕らはマリネ風に調理されたキノコ、赤カブのサラダ、煮込んだ鶏肉などとパン、そしてビール。それらをホテルの床に並べて食べた。料金は店で食べるよりだいぶ安かったが、床の上は豪華だった。どれも優しいロシア料理の味がした。

スーパーで惣菜を売ってくれたのは、日本人によく似た顔だちの若い女性だった。朝鮮族だった。サハリンではしばしば朝鮮族の人たちを見た。そこには出身の違うふたつのグループがあった。戦前、サハリンの南半分は日本領だった。日露戦争後のポーツマス条約で、北緯五十度より南は日本領と定められた。そこに日本の植民地だった朝鮮半島から、出稼ぎや徴用で朝鮮の人々が渡っていった。日本敗戦後、朝鮮半島では戦乱が続いた。彼らが帰る道は閉ざされサハリンにとり残されてしまったのだ。それがひとつのグループだった。

その後、朝鮮半島は南北に分断される。ロシアとの関係のなかで、北朝鮮から出稼ぎ労働者がサハリンに渡っていった。こちらがふたつめのグループだった。どちらも二世、三世の時代になっていた。皆、流暢なロシア語を話す。

しかし食習慣は引き継がれているのだろうか。惣菜を受けとると、「これはいる？」といった感じで、ビニールに入った箸を二膳渡してくれた。

それ以来、僕のなかで、ホテルの部屋食はちょっとしたブームになっていった。店で食事をとるより、はるかに気楽だった。誰に気を遣うわけでもなく、床に座ってビールを飲み、店で買った料理を食べる。街の食堂で食べることも楽しかったが、シャワーを浴び、なにも気にせずに食事をする時間が捨てがたくなっていった。

やはり年をとったということかとも思う。一日、バスや列車に揺られる。ときに街を歩きまわる。昔に比べれば体力が落ちてきていることがわかる。いったんホテルに戻り、シャワーを浴びると、腰が重くなっている自分を見つける。

現地の人々でにぎわう店に入っていかなければいけないとは思う。しかしそうするには、テンションを高めなくてはならない。好奇心の総量のようなものも減ってきているような気もする。やはり年ということなのだろうか。

しかしそれほど肩肘張って旅を続けることもない……と嘯く自分もいる。

イスラム圏の女性の食事

旅の日々を振り返ってみれば、海外ではホテルの部屋で食事をするということは、それほど珍しいことではない光景を何回も見てきた。とくにイスラム圏にその傾向が強い。パキスタンやイランの宿。朝、外出しようとすると、ドアの前に食べ終わった皿やコップが置かれていることは珍しくない。宿には食堂があるのだが部屋で食べる人が多いのだ。女性は家族以外の前で、食事をとるところを見せない——。

それはイスラム圏に広くゆきわたっている。パキスタンのペシャワールのレストラン。店によっては縄を編んだベッドを椅子のように使っている。食べた後、ごろりと横になることができる。なんだか自分がとめどもなく怠け者になっていく食堂なのだが、こういった店では女性客はいない。砂糖入りの緑茶を出す茶屋にも女性はいない。

しかし市街地のしゃれたレストランでは女性の姿を目撃する。ただし入口から個室に向かう間だけだ。女性が食事をする姿を見ることはできない。

中国の西端の街、カシュガル。ここにはイスラム料理の店と中国料理の店がある。イスラム系の店に入ると、目に入るのは髭面の男たちだけだ。しかし、そのテーブルを囲むように、カーテンで仕切られた個室がある。店員が料理を運ぶときにカーテンを寄せるから、そのなかが見える。だいたいが家族連れだ。もちろんそこには奥さんも娘さんもいる。

しかしある日、カシュガルの繁華街にあるファーストフード店に入った。寒い一日で、僕はそこでコーヒーを飲んでいた。するとそこに、ジーンズを穿いたウイグル系の女性がひとりで入ってきた。目鼻だちがはっきりとしたなかなかの美人だった。彼女はコーヒーを注文した。そして、なにを気にする風もなく、コーヒーを飲んでいた。彼女は頭にベールをつけていなかった。

いまのイスラム社会は多種多様だ。そして保守的な考え方の人もいれば、新しいイスラムを標榜する人もいる。それは女性であっても変わりはない。

保守的な女性は、人前で物を食べたりはしない。ホテルに泊まったときは、部屋に料理をもってきてもらう。ルームサービスを頼むわけだ。そんな姿を眺めていると、ホテルの部屋にいるのは、圧倒的に家族が多い。つまり、結婚をして、奥さんになると保守的な傾向を強めていくということだろうか。若い頃は、ベールもつけずに人前でお茶を飲んだ女性も、結婚をすると個室やホテルの部屋で食事をするようになる。そんな流れも、いまのイスラム社会からは感じるのだが。

人前で食事をするかどうか……。それはイスラム系の女性が巻くベールに関係しているという人は多い。彼女らが身につけるベールにはさまざまな形態がある。そしてその呼び方もエリアによって違う。顔をすっぽり隠してしまうものがある。顔を見せてはいけないという教えのなかで生きている女性たちだ。彼女らが食事をとろうとすると、そのベールをあげなくてはならない。自然と顔が見えてしまうわけで、当然、個室やホテルの部屋ということになってしまうという説明である。

イスラム系の女性が身につけるベールのなかで最も多いのがヒジャブだろうか。日本から近いエリアでいうと、マレーシアやインドネシアの女性が身につける。髪の毛を隠すスタイルで、顔は出している。イランではチャドルと呼ばれる。顔は出しているが、体全体を黒い布で覆う点がヒジャブと違う。街を眺めていると、横断歩道の手前で全身、黒ずくめの女性がずらりと並び、一瞬びくっとすることがある。

アラビア半島ではアバヤといわれる。これは、イランのチャドルよりももっと隠す部分が多く、顔は目だけが見える。一度、飛行機の機内で、アバヤ姿の女性を見たことがある。機内食が出、どうやって食べるのかと見ていると、顔を覆う黒い布の下から、パンを口に運んでいた。なかなか大変なのだ。

マレーシアのクアラルンプール。KLセントラル駅。ヒジャブの割合、だいたいこのぐらいです

隠す部分が最も多いタイプが、アフガニスタンでよく見たブルカだろうか。色は水色が多い気がするが、顔はもちろん、目も隠している。目の部分が網目状になっている。ここまで……とつい見入ってしまった。

　このブルカやアバヤのレベルになると、人前で物を口に運ぶことが不可能になる。はずすことができるのは、夫や子供の前だけだ。当然、レストランでの食事は個室、ホテルでは部屋食ということになる。

　身につけるベールで、その保守性を測るのは強引すぎるが、マレーシアやインドネシアのヒジャブの世界では、女性たちは人前で物を食べる。顔を覆うことなく、髪を隠しているだけだから、食べるという行為はなんの問題もない。しかし彼女たちにしても、どこか抵抗感はあるのだろうか。ホテルに泊まった朝、廊下にはいくつもの皿やコップが置かれている。

結局、部屋でビールで乾杯

二〇一七年の十月に、スマトラ島を縦断した。スマトラ島といわれてもなかなかイメージが湧かないかもしれないが、メダン、パレンバン、シアンタール、タンジュン・バライ、タンジュン・カランなどかなり大きな街がある。そのなかの中級ホテルに泊まったが、レストランはほとんどが二十四時間営業だった。そのレストランで何回か夕食を食べたが、客はほとんどいなかった。レストランはルームサービス用のようだった。イスラム圏では、それほど盛んにルームサービスが利用されているわけだ。やはり部屋食なのだろう。

イスラム教徒の人口は約十六億人といわれている。その数は世界の人口の二十三・二パーセントにあたる。その世界では、ホテルの部屋食は一般的だ。ロシアも部屋食文化圏に入れてもいいと思う。

世界のホテルは、さまざまな人々を受け入れるわけだから、部屋食は日本人が考える以上に一般的な食事スタイルなのだろう。気がねせず、堂々と部屋食に走っていいわけだ。ルームサービスは高いから、外のスーパーなどで買ってくる。楽をする旅のひとつの形態……最近になってようやく気づいてきた。

もうひとつ、ホテルの部屋食が多くなる理由がある。酒である。世界的にみればビールということになるだろうか。世界は少しずつ、酒が飲みにくくなっていると思う。

ロシアの列車は全面禁酒である。さまざまな国で、男たちの飲みっぷりを目にしてきたが、ロシア人はそのトップを走っていると思う。問題はビールというよりウォッカである。彼らはどうしてそこまで飲むのか……と溜め息が出るほどよくウォッカを飲む。まだ列車内での飲酒がそれほどうるさくない頃、シベリア鉄道に乗ったことがある。列車が駅に停車すると、男たちは駅の売店に列をつくる。皆、ウォッカである。ひとり二、三本は買う。

その駅に着くまで、かなりのウォッカを飲んでいるわけだから、もう底がない。

ロシアの男の平均寿命は短く、約二十五パーセントが五十五歳までに死亡している。どうもその原因がウォッカらしいことは有名な話だ。いくら酒好きでも程がある。政府は何回もウォッカ節酒キャンペーンを行っている。ウォッカをやめてビールにしようというわけだが、そこで店に並ぶビールが三リットルのペットボトルなのだから、基本的な酒量というものが違う気がする。そういう男たちだから、列車の禁酒令といっても、それほどの効力はない。まあ、これはロシアの特殊事情。ほかの国も、酒に対する風当たりがきつくなりつつある。

インドの列車も禁酒だが、最近になってタイの列車も禁酒になった。これはいまの軍事政権の嗜好という人もいるが、タイで急増した中間層はあまり酒を飲まない。どことなくよく酒を飲む日本人は肩身が狭いようなところがある。シンガポールも、ホーカーズという屋台村形式の店も夜十時以降は酒を出せなくなった。リトルインディアやゲイランといった地区では、週末も酒を出せない。

アジアを眺めると、相変わらず、繁華街を酔っぱらいがうろうろしているのは日本と韓国ぐらいだろうか。

日本にやってくるアジア人が増えているが、彼らは、日本の酒に対する寛容さに戸惑うという。昼から酒を出す店があり、朝方まで店を開いている居酒屋もある。彼らの感覚からすると考えられないことだった。

アジアのなかでは、マレーシアとインドネシア、ブルネイにイスラム系の人が多いが、酒に関しては中東のような厳格さはなかった。しかしその状況が変わってきた。

マレーシアのジョホールバルに泊まった。バスターミナルの近くの宿だった。ホテルのフロントで、「近くにビールを飲むことができるレストランはないですか」と聞いてみた。ピンク色のヒジャブで髪の毛を隠した女性スタッフはこういった。

「この近くにはありません。でも、歩いて十分ほどのところにあるコンビニで売っています」

暑い一日だった。やはりビールは飲みたい。教えられた道を汗をかきながら歩いた。どこかビールをもち込み、夕食が取れそうな店はないかと周囲を見ながら進んだのだが、そんな雰囲気が伝わってくる店はなかった。やがてコンビニが見え、その前に立ったとき、

「部屋飲みしかないな」

と思った。コンビニの前は、いかにも不良といった若者の溜まり場だった。バイクで乗りつけ、ビールを路上に置いて座り込んでいる。あたりには煙草の吸い殻がいくつもある。おそらく華人系の若者だった。イスラム教徒の若者は、いくら不良といってもビールを飲むわけではなかった。彼らにとって飲酒は別次元の問題なのだ。このコンビニの前で、不良マレーシア人に交じってビールを飲むというのもなぁ……と思う。

夜になっても暑いねっとりとした空気に包まれていた。ビールをぐいっと飲みたいところだが、周囲の視線が気になる。ビールと氷を買った。コンビニの前の歩道には何軒もの屋台が出ている。その一軒で鶏肉のサテを焼いてもらった。ビニールの小袋にピーナッツソースを入れてくれる。その二軒先の屋台で魚を焼いていた。前にいた客が、ご飯の上に魚をのせてもらい、ビニールコーティングされた紙に包んでもらっている。サンバルソースらしきものもつけてくれる。僕もそれを指差した。屋台のおじさんが、野菜もいるかと訊いてくる。そこでプラスチックのスプーンも添えてもらった。こうして夕飯がそろっていく。

暗い道をとぼとぼ歩いた。早くホテルに戻らないと氷が溶けてしまう。泊まった宿は一泊二千円もしない宿だった。部屋に冷蔵庫などなかった。シャワーを浴び、コップに氷を入れてビールを注ぐ。つまみはサテ。なんだかしっかりとした夕食になった。誰もいないから気楽なものだ。

気楽な食事は体を軽くしてくれる

二〇一七年の一月、インドネシアのスラバヤにいた。僕とカメラマンは、路上の屋台でつくってもらった焼きそば、ミーゴレンを食べながらビールを飲んでいた。

インドネシアは二、三年ぶりだった。その間に、酒事情は一変していた。以前、市内のコンビニには大量のビールが置かれていた。箱で売られるほどだった。インドネシアはイスラム教徒が多い国だが、華人やヒンズー教徒、キリスト教徒もいる。その関係か、酒を禁じているわけではなかったが、それにしても売られている量は多かった。それを眺めながら、いつもイスラム教徒も飲んでいるんじゃないかと勘ぐっていた。そんな量なのだ。

イスラム教徒は酒を飲まない——。それは大義名分だと思っている。たしかに厳しく酒を禁じている国もあるが、さまざまな国で酒を飲むイスラム教徒を見てきた。

バングラデシュもイスラム教徒が多い。いろいろと世話になったベンガル人がいた。日本からバングラデシュに向かう前、そのベンガル人の知人に連絡をとった。

「日本からなにかお土産を持っていこうと思って。彼はなにが喜ぶかな」

「そりゃ、ウイスキーですよ。ジョニーウォーカーのブラックラベルがいちばんですよ」

「ウイスキー?」

「そう、ウイスキー」

「だって彼はイスラム教徒でしょ」

「人によるけど、彼は飲みます。たぶん。家で毎日飲んでるんじゃないかな」

そんなものらしかった。

イスラム教徒には年に一回、ラマダンがある。太陽が昇ってから沈むまでの間、食べ物はもちろん、水も口にすることができない。これがほぼ一カ月続く。この時期になると、バンコクのイスラム人街一帯がにぎわってくる。見ると食べ物はもちろん、昼間からがんがんビールを飲んでいる。

「自国でラマダンをやっているのはドメスティックムスリム、僕らはインターナショナルムスリムだから、ラマダンをしなくてもいいわけ」

「タイに逃げてきたんじゃない？」

「違うさ。ラマダンは、乳児期やその母親と妊娠中の女性、旅人、戦乱が続いているときの兵隊なんかはやらなくていい。そうちゃんと決められている。僕は旅人だから、ラマダンをしなくていいわけ」

「……？　ビールも？」

「いや、これは別」

インドネシアのイスラム教徒も家ではビールを飲んでいる気がした。彼らが守っていたことは禁酒ではなく、人前では酒を飲まないこと……ではないかとも考えていた。

しかし、コンビニからビールが消えていた。あったと思ってビンタンビールの缶を手にとると、アルコール度数がゼロ。ノンアルコールビールだけだった。調べると、ショッピングモールのなかにあるような大型スーパーでの販売は可能だが、コンビニレベルではビールを置けなくなったようだった。この動きはジャワ島の東部スラバヤから広まっていったという。

スラバヤ市の市長はフィリピンのドゥテルテ大統領に似たタイプなのだという。きっかけは、スラバヤ市内で、酒を飲んだ若者同士の乱闘が起きたことだという。治安の悪化が進んでいると市長は読んだのだろうか。コンビニなどでのビールの販売の制限をはじめたのだという。

インドネシア国内に増えつつあるイスラム教の原理主義勢力も影響していると見る向きもある。原理主義者たちは飲酒に対しても厳格だ。インドネシアが原理主義に傾いていっているわけではないが、その空気を感じとっているのかもしれない。

しかし、インドネシアのイスラム系の人々はスラバヤ市長の方針に反論することはできない。いくら家でこっそりとビールを飲んでいたとしても、それを口にすることはできない。イスラム教には禁酒という大義があるからだ。

スラバヤの街でコンビニに入る。もちろんビールはない。市街地にあるショッピングモールにも行ってみた。そのなかに大型スーパーはあったが、ビールはなかった。

「スラバヤでは、やはり無理だろうか」

カメラマンとホテルに戻りながら言葉を交わす。泊まっているホテルにも訊いてみた。ないことはわかっていた。

泊まっていたホテルの手前に、一軒のホテルがあった。やや古くなった印象が伝わる外観で、入口のあたりも暗かった。

カメラマンがなにを思ったのか、こういった。

「だめもとで訊いてみます。下川さんは部屋に戻っていてください」

それから十分。僕が部屋にいると、ドアをノックする音が聞こえる。開けるとそこに、壜ビールが入ったビニール袋をさげたカメラマンが立っていた。

「ありました」

そういって笑った。

「向かいのホテルのなかにレストランがあったんですが、メインの照明は消えてしまいました。でも、その奥に厨房につながる窓口があって、なかにおじさんが座ってました。

ビールって訊くと、なにもいわずに出してきたんです。どれも冷えている。あったんですね。スラバヤにも」

ビールを飲むために、スラバヤでも部屋食になってしまった。イスラム圏の人々はホテルの部屋食が多くなる。見ず知らずの人たちの前で食事をすることに抵抗があるからだ。しかし日本からやってきた酒飲み旅行作家も部屋食に流れていく。そうしないと、なかなかビールが飲めないからだ。

シニアといわれる年齢になったら、その旅の途中で、ホテルでの部屋食を加えていったほうがいい。気楽な食事は、やはり体を軽くしてくれる。そこにビールが加わってくると……これから、部屋食はさらに増えていくような気がする。

コラム 5

また訪ねればいい

旅先ではどうしても欲ばりになってしまう。滞在日数はそう長くない。食事ひとつにしても、一回でもはずしたくない。有名な観光地も見逃したくない……そう考えるのは当然だろう。しかしその強行軍が災いし、体調を壊してホテルにじっとしている人を何人も見てきた。寝込んでしまえば、観光も食事も吹きとんでしまう。

現地を駆け足で見てまわり、有名料理を食べまくる――。そんな旅が可能な日数は三日という気がする。日本で蓄積した体力がなんとかもつ期間といったらいいだろうか。週末旅というのは、そのパターンにはまっている。二泊三日の旅なら、なんとかこなすことができる。

しかしそれ以上になると、弾丸テンションの旅は難しくなってしまう。旅のペースを緩めていくことになるわけだが、そうすると、必ずといっていいほど、積み残しというか、心残りが出てしまう。パッケージツアーに加われば、そんな心配はない。巧みに日程を調整して主だった観光地を巡り、名物料理もツアーのメニューにしっかり入れてくれる。しかしそれは、旅行会社がアレンジしたもの。自分でまわったわけではない。そこから離れ、自分で旅をすると、心残りが出てきてしまう。

ミャンマーに行ったとする。バガンの遺跡をゆっくり歩いているうちに、帰国の日程が近づいてきてしまった。そういえばバガンからそう遠くないマンダレーにまだ行っていない。マンダレーヒルにのぼり、かつてイラワジ川と呼ばれたエーヤワディー川の流れを見てみたかった。しかしもう、その時間がない。

ヤンゴンの空港。帰りの飛行機を待ちながら、ふっと思い出す。

「そういえばモヒンガーを食べていない」

モヒンガーというのは、魚スープを使った麺料理だ。朝、屋台でこの麺を食べるミャンマー人は多い。ミャンマーのホテルの多くは、宿代に朝食が含まれている。大きな高級ホテルに泊まれば、バイキング形式になる。そのなかには必ずモヒンガーがある。しかし泊まっていたのはゲストハウスや一泊二十ドル程度の中級ホテルだった。朝食はいつも、トーストと卵だった。モヒンガーの朝食が脱け落ちてしまった。

そんなとき、どう考えるだろうか。僕はすぐに、ある発想に結びついてしまう。

また来ればいい。

ミャンマーを訪ねた回数はかなり多い。ミャンマーの全鉄道を走破するという酔狂な企画に足を踏み入れてしまったばかりに、二〇一六年から二〇一七年にかけ、ミャンマーには入り浸っていた。来る日も、来る日も列車に乗り続けていたのだが。そんな旅は別にしても、普通にミャンマーを訪ねた回数は十回を軽く超える。

しかしまだバガンの遺跡は見たことがない。バガンの駅に降りたことは三回ある。しかしそこで列車を乗り換えたり、エーヤワディー川の対岸にあるパコックーに車で向かってしまった。そんなとき、いつも思う。

（あと二日あれば、バガンの遺跡を見ることができる。いや、急ぎ足でまわれば一日……）

しかし余裕がなかった。そして思うのだ。

また来ればいいか……。

こんなことをしていたら、僕は一生、バガンの遺跡を見ることができないかもしれないが。ただ思い返してみれば、そこであっさりとバガンの遺跡を諦めたことで、日程的には楽になった。もし強行していたら体調を崩してしまったかもしれない。なんとか旅を続けることができたのは、（また来ればいい）と思えたからのような気がしないでもない。

また来ればいい……そう思えるのは飛行機代が安くなっているからだ。東京からヤンゴンまでの片道なら、二万円ぐらいから航空券を手に入れることができる。このくらいの値段なら、なんとかなる。うまく日程がとれれば、今度は、バガンの遺跡だけを目標にしてミャンマーを訪ねることができるだろう。

旅費を安くあげることは、欲ばらない旅をするためには重要なことに思う。旅に高い費用をかけてしまうと、どうしても
（もう一生来ることはできない）

という意識に傾いていってしまう。どうしても、旅の日程がタイトになっていく。欲ばり旅になってしまうのだ。疲れはてた体で、まるで、それが義務であるかのように、自分で立てた日程を潰していく旅はつらい。どうしてこんなに大変なのか、と自問してしまうかもしれない。それを防ぐためには、旅費を安くあげることに帰結する。

（また来ればいい）

そんな意識が自分の旅をつくってくれるはずだ。

第六章

下痢を怖がらない

軽度の下痢は気にする必要なし

知りあいの若い夫婦とバンコクで会ったことがある。ふたりは飛行機とホテルだけが決まったツアーに申し込んだ。プーケットに三泊、最後の一日はバンコクという日程だった。たまたま僕がバンコクに滞在していた。最後に夕飯を一緒にとることになった。

ふたりはチャオプラヤ川沿いのシェラトンホテルに泊まっていた。ロビーで落ち合ったが、ふたりとも表情がすぐれない。体調を崩しているという。

「昨日から、ふたりとも下痢なんです。おととい食べたシーフードがよくなかったのかもしれないって話してるんですけど。なんだか力が出なくて」

そのとき、またか……と思った。こんなケースを何回か経験していた。そんなときは、連れて行く店のジャンルも決まっていた。日本料理店である。そこで豪華な料理を注文するわけではない。いつも素うどんかキツネうどんにしている。

せっかくバンコクにいる。プーケットでは食べることができないタイ料理もある。リ

バンコクにはそこかしこに日本料理の看板。最近はタイ人客が日本食レストランを支えている

ゾートホテルに滞在していたから、タイ人の庶民向け食堂もいいかもしれない。屋台という方法もある。ふたりが元気なら、そんな店に連れて行くのだが、下痢と聞いたら日本料理である。あまり遠くまで行かない。バンコクにはもう、数え切れないほどの日本料理店がある。

そのときはシェラトンホテルのなかにある日本料理店に入った。タイでの日本料理店は、ある意味、高級料理店だから、素うどんというメニューはない。だったらキツネうどん。これならだいたいある。

キツネうどんで下痢が治る?

これが不思議なのだが、だいたい治っ

てしまう。ふたりは出てきたキツネうどんに、

「おいしい」

と声をあげた。正直なところ、それほどおいしいうどんではなかった。日本のうどん専門店に行けば、もっとレベルの高いうどんが出てくるだろう。その店は、寿司や天ぷらのメニューが充実していた。ホテルのなかにある日本料理店だから無理はない。キツネうどんを頼む客はそう多くないだろう。

翌朝、電話がかかってきた。

「下痢がすっかり治りました。ありがとうございます。これから空港へ行きます」

この連絡もなかば予測していた。

僕は下痢の大家ではないが、海外に出るとしばしばお腹がゆるくなるから、経験的にはいくつかの対処法を身につけている。

下痢には軽症、中症、重症があると思っている。バンコクで日本料理店に連れていったふたりは軽症。もし僕がこのレベルの下痢になったとしても、まず気にしない。放っておく。知らない間に治ってしまうことが多い。

日本人はこの軽度の下痢に神経を遣いすぎる気もする。日本できちんとした食事をしている証拠なのかもしれないが、僕のように海外によく出かけ、日本では原稿に追われる不規則な生活を送り、ときに二日酔いに苦しむタイプは、どこにいても下痢を起こしやすい。どこかお友だち感覚で、下腹がぐるぐるとくる。

この種の軽度の下痢は、いくつかの原因がある。東南アジアだったら、辛い料理でよく起こす。とくにタイは、東南アジアのなかでもワンランク上の辛い料理があるからお腹を壊しやすい。

レストランも外国人客に気を遣い、辛くない工夫もしてくれるが、もともと辛い料理に慣れているから、「辛くない」というレベルも、そこそこ辛い。料理にもよるが、タイ料理というものは、ある程度の辛さがないと味にキレがなくなる。

たとえばトムヤムクンというタイ料理を代表する料理がある。酸味と辛味が魅力なのだが、この辛みがなくなると、かなり間抜けな料理になってしまうはずだ。僕はそんなトムヤムクンを食べたことはないが。

実はトムヤムクンというスープ、相当に辛い料理である。いまタイで味わうことができるトムヤムクンの多くは、ココナッツミルクなどが入り、こくと甘みが加わっている。しかし昔のトムヤムクンは、スープは澄んでいて甘みはまったくなかった。老人のなかにはこのタイプが好きな人もいて、店によっては頼むとつくってくれるそうだが。ポッテという名前もついている。

だいぶ昔だが、タイの南東のラヨーンという街でこのポッテを食べた。がんとくる辛さだった。唐辛子の辛さに対する体の反応にはレベルがある。汗と鼻水、涙が出てくるのがレベル1、その上になると、こめかみがドックドックと脈打つようになる。顔も全体的に赤くなる。これがレベル2だろうか。もっともきつい辛さのレベル3になると、口が閉まらなくなり、よだれが出てくる。

ラヨーンでトムヤムクンを食べたとき、僕はレベル3を体験してしまった。ただ、唐辛子の辛さは長もちしない。一時間もすれば落ち着いてくる。ところが翌朝、下痢に襲われてしまった。水のような便だった。

そこまで辛くなくても、人によっては下痢ぎみになる。しかしこの下痢は心配ない。放っておけば自然と治っていく。

ストレスが誘引する下痢もある。はじめて海外に行く前がそうだった。大学二年のときだった。

僕の父親は高校の教師だった。教え子が駐在員としてバンコクに暮らしていた。その人がバンコクから航空券を送ってくれた。すでに姿を消してしまったエアーサイアムという航空会社のチケットで、海外で発券したものだった。

その後、この種の航空券は違法ということになるのだが、当時はまだ管理が甘かった。もちろん、タイで発券したほうが安かったわけだが、「こういう航空券が本当に使えるんだろうか……」と僕は不安だった。なにしろはじめての海外旅行なのだ。飛行機に乗るのもはじめてだった。そしてひとりだった。相談する相手はどこにもいなかった。

出発一週間ほど前から下痢がはじまった。薬を飲んでも治らない。夜、布団のなかに入ると、さまざまな不安が頭をもたげてくる。

「こういう安い航空券の方には、機内食はお出しできません」

機内でそういわれるのではないか……実際に僕はそれに備えて、サンドイッチを買って飛行機に乗り込んだ。バンコクに到着するまで下痢は続いた。

おそらく神経性の下痢だと思う。

バンコクで会った若い夫婦も、旅のストレスが遠因という気がする。タイに来たのははじめてだといっていた。海外旅行に慣れている雰囲気はなかった。プーケットのリゾートホテルの会話は英語だったはずだ。わからないことが多いストレス。そこにタイ料理の辛さが拍車をかけた。

そこで日本人に会い、日本食を口にした。これで一気に下痢は治ってしまう。軽症の場合は、こんなきっかけで治ってしまうことは珍しくない。

睡眠不足も下痢を誘う。夜行の飛行機や列車、バス……と、旅には睡眠を不規則にする要素が多い。

最近はLCCを利用する人が増えているが、この航空会社群の運行スケジュールはときに寝不足を強いる。午前一時台や二時台、朝の六時台や七時台といった出発時刻になると、睡眠時間は少なくなる。飛行機の機内といっても、熟睡できるわけではない。そんなフライトをこなし、ホテルに着くと、お腹がゆるくなっている。なにが原因なのかははっきりとしないが、睡眠不足は体にいいわけがない。

以前、七十歳を超えた年齢でバックパッカー旅をしている人に会ったことがある。コツを訊くと、こんな答が返ってきた。中国からチベット自治区、そしてインドに抜けた旅の後だった。

「同じ街に二泊する日程を組むことですね。これだと思います。移動と移動の間に、なか一日がある。観光にあててもいいけど、疲れていたら宿でうだうだしている。これで乗り切っています」

彼は下痢については触れなかったが、おそらく下痢になったとしても、その一日で快方に向かうのではないかと思う。似たような体験は僕にもある。お腹の調子が悪くても、一日休めば治っていく。軽度の場合は、そんな経緯を辿ることが多い。そんなものなのだ。さして気にする必要はない。

深酒をした翌日も下痢になることがある。酒飲みたちは放っておけば治ることを知っている。慌てて薬を飲んだりはしない。海外旅行中の下痢は、二日酔いのときの下痢とは違うかもしれないが、体のメカニズムを考えれば大差がないようにも思えるのだ。

おかしいと思ったら食べない……

話を中症の下痢に移していくが、軽症と中症の境界ははっきりしているわけではない。勘の領域といえなくもないが、夜中に便意を催しトイレに駆け込むようなときは中症の可能性が高い。ときに吐き気も引き連れている。これは日本でいうところの「食あたり」の可能性が高い。僕のフィールドでもある東南アジアの気候はおしなべて暑い。食べ物が腐りやすいわけだ。

東南アジアの料理は、食あたりを起こさない工夫も発達している。唐辛子で辛くするのもそのひとつ。フィリピンでは酢を使った料理が多いが、それも気候を考えてのことだ。沖縄は東南アジアに似た気候だが、揚げるという料理法が広まっている。魚も油で揚げることが多い。最近は本土の魚、つまり北の魚も流通しているが、サンマも揚げて食べる。沖縄では肥満が問題になっている。そのやり玉にあがるのが、この揚げるという調理法である。もともとは腐敗を防ぐためのものだったのだが。しかし沖縄の人々の多くは、この揚げ物の味にすっかり慣れ親しんでしまっていて、なかなか足を抜くことができない食生活を送っている。

僕はバンコクでタイ人の家庭に下宿をしていた。下宿のおばさんは、午前中に市場に買い物に行き、そして料理をつくる。それは昼食と夕食用だ。タイ人はできたての料理というものに日本人ほどこだわらない。夕食のときは、つくり置きしたものを温めたり、簡単にできる料理を一品加える程度だった。

下宿人は僕ひとりだったが、家にはさまざまな人が出入りしていた。当然、多めに料理をつくる。だいたい毎日、料理が残った。下宿のおばさんは、夜、それを惜しげもなく捨ててしまう。これも食あたりを防ぐ習慣だった。暑い気候だから、料理の足が早いのだ。下宿には冷蔵庫もあったが、そこに入っているものは、氷やソーダなどの飲み物系が中心だった。料理と一緒に食べる生の野菜は入っていた。しかし冷蔵庫で料理を保存するという発想がなかった。

しかし東南アジアは、経済成長に引きずられるように、保存する食生活が普及していく。先進国の暮らしに倣っていったのである。

東南アジアで起きる食あたりは、その過渡期のなかで起きている気がする。

たとえば牛乳、かつて東南アジアの人は牛乳を飲まなかった。生産者から輸送、そして店に並ぶまで、一貫して冷蔵状態で保つシステムができあがっていなかった。業界ではこれをコールドチェーンと呼ぶのだという。

しかし、食生活の欧米化のなかで、牛乳への需要が高まっていく。ここでコールドチェーンができあがっていくのだが、気温が高いから注意を払わなくてはならない。しかし東南アジアの人々は詰めが甘い。のんびりした性格である。時間感覚もルーズだ。そこがよさでもあるのだが、コールドチェーンの鎖をしっかりと結ぶには向かない性格なのだ。

以前、バンコクで家族と一緒に暮らしたことがあった。娘は三歳と一歳だった。毎日、近くのスーパーで牛乳を買っていたが、開けると牛乳が固まってしまっていることがときどきあった。コールドチェーンがしっかりとつながっていなかったのだ。

どうやってこの食あたりを防ぐのか。それは食べたときの感覚でしかない。牛乳のように見た目でわかれば問題はないが、調理されてしまうとなかなかわからない。とくに魚介類にあたる人が多いだろうか。東南アジアに長く暮らしている人はこんなことをいう。

「食べてみて、おかしいな、と思ったら、それ以上口にしない。これしかないと思います。においとか食感とか。アジアに暮らしていると、わかるようになるんです。何回か、きつい下痢を経験しているうちにね。まあ、勘の世界だから、明確にこれっていえないんですけど」

僕もある程度はわかる。おかしい……と思ったら、それ以上食べない……これはかなり有効な手段だと思う。

東南アジアの人と食事をしていると、そんなシーンに遭遇する。あれはビエンチャンだっただろうか。ラオス人と結婚した日本人と一緒に食事をした。いくつかの料理が並んだが、川魚を蒸した料理を口にした彼の奥さんが首を傾げた。料理に鼻を近づけてこういった。

「この料理、少しおかしいので食べないでください。いま、店の人を呼びますから」

彼女は店員を呼んだ。ラオス語はタイ語の方言ほどの違いしかないから、僕もある程度はわかる。

「この料理、魚が腐っていない？」

奥さんははっきりとそういった。店員が料理に鼻を近づける。そして奥に入っていった。すると主人らしい小太りのおばさんが出てきた。

「すいません。すぐにつくり直しをしますから」

ラオス人の奥さんが、ビエンチャンの実力者の娘というわけではない。地方都市出身のまだ三十代の女性だ。

料理がおかしいから……とつくり直してもらうことはそう珍しいことではないらしい。しかしそれができるのは現地の人々だ。根拠が食感とかにおいといったもので、勘の判断なのだ。しかし店の主

ラオスのバゲットサンド。カオチーサイクワンという。僕の定番朝食。こういう料理は食あたりは少ない

人は、料理を確認もせずにつくり直すと口にした。ことを荒だてないというラオス人の感性もあるが、客の勘を店の人も信じているということなのだ。

だからといって、日本人がそう店主に訴えるのには勇気がいる。だいたいが食べずにテーブルに残すのではないかと思う。しかしそれでも、かなりの確率で食あたりを防ぐことができる。

絶食がいちばん効果的？

冷たいものをとりすぎることで起きる下痢もある。暑いからどうしても冷たいものを口にしてしまうのだが、悩むのは氷である。

ベトナムのホーチミンシティにしばらく滞在した女性が、かなりつらい下痢に苦しんだ話を聞いた。彼女は原因はチェーでは……といった。

チェーは、ベトナム版かき氷である。チェーとはそもそもデザートといった意味である。だから温かいチェーもあるのだが、ホーチミンシティは暑いから、チェーのなかのひとつであるかき氷がチェーという感じになってしまった。僕自身、温かいチェーというものに出合ったことがない。ホーチミンシティのある会社の机を借りて、数日、仕事をしていたことがあった。午後三時頃になると、女子社員がチェーの注文をとりにきた。おやつタイムにチェーの出前を頼むのだという。

そのメニューを見て、これは女性は楽しいはず……と納得した。亜熱帯らしく果物が多彩なのだ。マンゴー、ライチ、パイナップル、ココナッツミルク……と三十〜四十種類のトッピング具材が並んでいた。

件の女性もチェーにはまった。一日に二杯は食べていたという。多い日は四杯。気温が三十五度近くに達する暑い時期だった。

そんな日々を一週間ぐらい続けたという。突然の腹痛と下痢……。三日間、苦しんだという。

こんな話を聞くと、その原因を氷に向ける日本人は多い。氷を食べすぎたという方向にはならずに氷のなかになにか体に悪いものが入っていた……と。しかし現地に長く暮らす人は氷のなかの悪物説には懐疑的だ。氷の食べすぎで胃腸のバランスが崩れてしまったのではないかという人が多い。僕もどちらかというと、食べすぎが原因のような気がする。

たしかに東南アジアの氷はグレーゾーンだ。氷は一切、口にしないという人も少なくない。パッケージツアーに参加すると、氷には気をつけてください、といわれるらしい。氷は水道水を凍らせただけという気がする。僕もそう思う。あれだけ安く、大量に消費される氷に、ミネラルウォーターが使われているとは思えない。

ではミネラルウォーターが安全かというと、そうもいいきれない。タイで働く神経質な知人がいた。彼は氷は口にしなかった。飲み水はもちろんミネラルウォーター。料理をつくったり、ご飯を炊くときもミネラルウォーターを使っていた。それでも彼はバンコク滞在半年で肝炎になった。

はじめてバンコクに暮らしたとき、タイ人家庭に下宿をした。いつも氷水が入ったジャグが用意されていた。その水を毎日飲んでいた。はじめ、それはミネラルウォーターだと思っていた。ある日曜の朝、少し早めに起きると下宿のおばさんがジャグにバケツで水を入れていた。どこから運んでいるのかと思ってのぞくと、家の裏に大きな素焼きの瓶があった。僕に気づいたおばさんはこう説明してくれた。

「水道の水を瓶に貯めてるんですよ。水道水は、ときどき汚れているから、こうやって瓶に貯めるとゴミが下に沈む。上のほうをバケツですくって移してるんですよ」

「……」

おばさんはジャグがいっぱいになると、冷蔵庫を開け、そこにある製氷容器にどぼどぼと水を注いだ。

「……」

氷も水も水道水だったのだ。暮らしはじめて三カ月ほどがすぎていた。はじめの頃、腹の具合が悪い日はあったが、いまは落ち着いている。

僕には選択肢はなかった。下宿の人たちが皆その水を飲んでいるのだ。僕だけミネラルウォーターを買うことはできなかった。こうして僕は、バンコク滞在日本人や日本人旅行者が口にしないという、タイの水道水に染まっていってしまった。

だからというわけではないが、東南アジアの水道水がそれほど悪いものだとは思っていない。そもそも、日本人と東南アジア人の体がそんなに違うわけではない。同じように風邪を引くし、ウイルスにも感染する。東南アジアの人のほうが、多少は免疫力が強いのかもしれないが、水のなかに肝炎のウイルスが入り込めば、同じように肝炎にかかる。それほど単純な話ではないのかもしれないが、東南アジアで水道水を介して感染症が広まったという話は聞かない。

日本人が東南アジアの水道水のなにを気にしているのかよくわからないが、感染症に限れば問題はない。

東南アジアでそんな暮らしをしてしまうと、チェーで体調を崩したという話も、やはり食べすぎではないかと思ってしまうのだ。

食あたりだと思う下痢や腹痛は何回か経験している。こんなときは薬を買う。日本人のなかには、東南アジアの薬は強いから、日本から薬を持参したほうがいいという人もいる。たしかにそうなのかもしれないが、タイの下宿で一年近く、水道水を飲み続けた身にしたら、現地の薬への抵抗感は限りなく低い。それよりも、早く治ってほしいと願う。トイレにうずくまる夜はやはりつらい。

こんなとき、僕は絶食をする。水は飲むが、一日、なにも食べない。ただベッドで寝ている。そうすると薄紙をはがすように、少しずつ落ち着いていくのがわかる。薬が効いたのか、絶食がよかったのかはわからないが、僕はこうして中症の下痢は治してきた。この絶食は、軽症の下痢にも効く。下痢を起こすときは、やはり疲れているときが多い。なにも食べず、ただベッドで休んでいれば、自然と治っていくものだと思う。

重症の下痢は意識も飛ばす

最後に重症の下痢にも触れておく。このレベルに達してしまうと、自分ではどうすることもできないからだ。医学の力を借りるしかない。とにかく病院へ行くことだ。

ではどういう方法で、中症と重症の下痢を選別するかというと……。アメーバ赤痢に罹った経験からいうと、中症と重症の間には、かなりの差がある。レベルが違うというか、ステージが違うというか……。

発症したのはアフガニスタンのカンダハルだった。昼は普通に、空爆で柱だけが残った家や市場などを歩いていたのだが、その夜、下痢に襲われた。トイレに入って便を流したのだが、そのとき、漂ってきたにおいが不安を煽った。生まれてはじめて嗅いだにおいだった。革のにおいとも違う。どこか甘さのあるようなプラスチックのような香りも含まれている。

翌朝、カブールに向かうことになっていた。市場で乗り合いタクシーと交渉をしたのだが、下腹に力が入らない。投げやりな交渉で車に乗った。ハシシを喫いながら運転を続けるおじさんドライバーだった。僕は座っている体勢を保つことができなかった。そこまで体力は吸いとられていた。カブールに着いたのはその日の夕方だった。なんとかゲストハウスに空室を見つけ、そのベッドに倒れ込んだ。

それからはトイレの往復である。口に入れたものはすべて吐いてしまう。それから三日間、僕の記憶はほとんどない。

アメーバ赤痢だとわかったのは、ゲストハウスのスタッフに付き添ってもらい、クリニックを訪ねたからだ。検便をし、アメーバ赤痢と診断された。そこでイラン製の薬を買い、なんとか快方に向かった。薬を飲むまでの三日間、僕の体はアメーバ赤痢と闘っていたわけだ。

重症という領域に入り込むと、こういうことになってしまう。不安のレベルを軽々と越えてしまうのだ。食あたりでトイレにうずくまることはあるかもしれないが、意識はしっかりしているはずだ。座ることもできる。重症の下痢というものは、そんな人間の基本的な意識や行為を吹き飛ばしてしまう。自分でなんとかすることは不可能になってしまうわけだ。

なんとなく、海外で起きる下痢というものの全体像がわかっただろうか。一般的な下痢はそれほど心配することはない。放っておけば治っていくものに心を砕くことは、ある種の過剰反応のようにも映る。それだけ、食生活や環境が変わったわけで、海外に出るということは、その程度の変化はあるということなのだ。

このイメージをつかむことができれば、ずいぶん楽になる。

アフガニスタンでアメーバ赤痢を患った体で、僕はパキスタンのイスラマバードに出、そこからバンコクに向かった。バンコクでもう一度、病院に出向いた。検便の結果は陰性だった。バンコクの病院では、まだアメーバが潜んでいる可能性も捨てきれないと強い薬を処方してくれた。会話は日本語だった。日本人が多い街に出れば、なんとかなる。それもひとつの安心材料になる。

コラム6

旅をときどき休んでみる

旅を休む……と耳にすると、なにか不思議な感覚にとらわれるかもしれない。旅はそもそも休暇じゃないの？　という反論の言葉も浮かんでくるだろう。

しかし旅の最中にこの言葉を聞くと、ほっとする人もいるかもしれない。おそらくその人は、旅というものにストレスを感じはじめている気がする。

旅にはストレスがある。それは旅をしなくてはいけないというストレスだ。短い旅ならそれを感じる暇もなく、旅の日々がすぎていくのだろうが、一週間、二週間と続くと、旅に疲れてくる。

一年近く旅を続けたことがある。まずヨーロッパに渡り、そこからアフリカに南下。パキスタンに入って、インド、バングラデシュ。そこから東南アジア……。その旅に、僕は二本のズボンしか持参しなかった。深い意味はない。なんとかなるだろうと思っていた。

旅が半年をすぎた頃、一本のズボンを捨てた。尻のあたりが擦り切れ、穴が開いてしまったのだ。小さな穴なら繕うこともできたが、布全体が薄くなり、パンツが透けて見えるほどになっていた。これでは繕うことも難しい。

ズボンが一本になったとき、悩みが生まれた。ズボンはやはり汚れる。その頃はインドを歩いていたから、カレーがついたり、紅茶をこぼしたり……。茶屋のベンチが汚れていて、尻のあたりが変色してしまうこともあった。洗濯すればいいのだが、ズボンが乾くまで穿くものがない。

ズボンを買わなくては、と思ったが、そこで僕はあることを思いついた。ズボンが乾くまで、旅を休めばいいじゃないか……と。

旅に疲れてきていたのかもしれない。

旅にはストレスがある。旅をしなくてはいけないというプレッシャーだ。

どこか観光地を訪ねないといけない。食べたことがない料理も体験しなくては。そんなことを半年も続けていると、旅が色褪せてきてしまうのだ。旅に飽きてきてしまうといってもいいのかもしれない。

僕は精力的に旅を続けていたわけではない。休み休みといった旅だった。それでも旅の日常に支配されていく。毎日、考えていることは、部屋に入り込む蚊をどうやって防ごうか、とか、昨日食べたカレーはおいしかった……といったことばかりだった。それでも旅をしなくてはいけない、と重くなった腰をあげて列車に乗り込んでいく。しだいに旅がストレスになって膨らんでいった。

そんな日々のなかで、「部屋から出なくてもいい。出ようと思ってもズボンが乾いていないのだから」と思うと、急に楽になった。

夕方になるとさすがに腹が減り、まだ完全に乾いていないズボンに足を通して宿を出た。なんだか体が軽くなっていた。

半年を超える長い旅を経験した人なら、誰しも経験することだろう。旅とはそういうものだと思う。

しかし一週間、十日程度の旅にも応用できる。僕もそうしている。それはバスの発車時刻が午後で、朝からそれまでの時間が空いた程度のことだが、強制的になにもしなくていいという時間は妙にありがたい。その間になにかをするわけではない。ただぶらぶらしているだけだ。それでも気分が晴れる。

律儀な性格の人ほど、まじめに旅をしてしまう。自分が立てた計画通りに旅が進まないと気分が悪い人もいる。

しかし旅とはそういうものではない。思うようにいかないものなのだ。長い旅を続けていると、嫌というほど「うまくいかない旅」を味わうことになる。旅ではときにあまりに不合理なことに出合う。そういうものを飲み込んでいかなくてはならない。短い旅ではそんなシーンは少ない。しかしその芽のようなものは感じるはずだ。

旅を休む――なかなか心地いい。

アジア点描④(ミャンマー)

第七章

Wi-Fiに頼らなくてもいい

シムフリーのスマホが便利

本書で紹介してきたLCCや海外のホテルの世界では、インターネットは欠かせない旅のツールになっている。海外でどうインターネットをつなぐか。その前に立ちはだかっているのが、日本の通信業者の姑息さという気がしてならない。

日本にはいま、多くの外国人がやってくるようになった。たとえば彼らに人気の箱根に行く。ケーブルカーやロープウェイを乗り継いで大涌谷へ。先日も三人のタイ人を連れて行った。いい天気だった。ロープウェイを降りると、どーんと富士山が見えた。皆、歓声をあげ、スマホを富士山に向ける。その画像をタイにいる家族や知人に送り、それからラインを使った電話がはじまる。

「富士山がすごくきれい」

箱根にやってくる車中で、彼らのスマホについて聞いた。

「バンコクにインターネットシムを販売する会社があって、そこで買いました。それを成田空港に着いたとき、タイで使っていたシムカードと挿れ替えました。バンコクにいるときのようにインターネットを使うことができて、なんの問題もありませんよ」

そう教えてくれた。料金は一週間、使い放題で千円もかかっていない。これなら、タイ人の多くがこの方法をとるわけだ。

シムカードを挿れ替える——。ここで話が止まってしまう日本人は少なくない。多くが、挿れ替えることができないスマホをもっているからだ。

シムフリーという用語がある。スマホのなかに入っているシムカードを自由に出し挿れできる状態のことをいう。

台北の桃園国際空港の搭乗待合室で、日本に向かう便を待っていたときだった。隣に日本人の青年がふたり座っていた。ひとりがスマホをいじりながら呟くようにいった。

「おまえ、シムフリーってわかる?」

「ときどき聞くけど、よくわからない。おれのスマホ、シムフリーじゃないから」

インターネットに詳しそうな若者の会話だった。世界を見たとき、シムフリーはすでに常態化していると思う。しかしその世界の外側に佇んでいる日本人は少なくない気がする。

世界の空港に着くと、あたり前のようにシムカードを販売するブースや自動販売機が置かれている。

台北の桃園国際空港に到着する。イミグレーションに向かって歩いていくと、人だかりが見える。そのブースをのぞくと、シムカード売り場だった。以前はイミグレーションを通過した先にしかなかったが、利用する人が多いのだろうか。あるいは、なんとか多くの客を取り込もうと空港に話をつけ、イミグレーションの手前に進出したのかもしれない。

最近、僕はこのシムカードを利用していない。その理由は追ってお話しするが、以前は台北の桃園国際空港に着くたび、シムカードを挿れていた。といっても、自分で挿れたわけではない。

イミグレーションで入国スタンプを捺してもらい、荷物を受けとって出た先に、台湾の通信会社のブースがある。利用日数や通常の電話をいくら使うことができるかなどによっていくつかのコースに分かれていた。どの会社も料金に大差はないので、すいているブースに並んだ。シムカードブースに集まっている人の多くが中国大陸からやってきた中国人観光客だった。彼らと一緒に列に並ぶと、つい先に先にと進もうとしてしまう。ぼーっとしていると追い越されてしまうのだ。

順番がやってきて、パスポートとスマホを渡し、滞在日数に近いコース名を伝える。することはそれだけである。スタッフはパスポートのコピーをとり、慣れた手つきで入っていたシムカードを抜きとり、台湾用のシムカードを挿れてくれる。なにやら僕のスマホをいじり、登録までやってくれる。そして、

「はい」

とスマホを返してくれる。三、四日の滞在なら、シムカード料金は千円もかからない。その代金を払えばすべてが終わる。ものの一分、かかっても二分といったところだろうか。

同じようなスムーズさでシムカードを挿れてくれるのは、タイのバンコク、マレーシアのクアラルンプール、ベトナムのホーチミンシティやハノイ、ミャンマーのヤンゴン、インドネシアのジャカルタの空港などだろうか。シンガポールのチャンギ空港にもブースがあるが、料金が高いので、市内の通信会社の店舗を使っている。

おそらくラオスやカンボジアも同じような進み方だと思う。この二カ国は陸路で入国することが多いので、空港のシムカード事情には詳しくない。

インドのコルカタの空港で、シムカードについて訊くと、市内の店で挿れてもらえといわれた。どうもシムカードを替えることが面倒らしい。コルカタはいま、とんでもない渋滞都市なので、空港に近いホテルに泊まった。フロントで訊くと、隣の店でやってもらえるという。ホテルのボーイがチップほしさで連れていってくれた。ものの二、三分で作業は終わり、インドでつながるスマホになった。

アメリカは一筋縄ではいかない!?

二〇一七年、ウラジオストク空港でロシアに入国すると、そこにもシムカードブースがあった。一年ほど前にロシアを訪ねていた。そのときはモンゴルから陸路で入国したので、最初の街にあった通信会社のオフィスで挿れてもらった。

ウラジオストク空港には以前からブースがつくられていたのかもしれない。小太りのおばさんがひとり座っていた。片言の英語を使ってくれたので助かった。料金も安かった。二週間使えるコースが五百円ほどだった記憶がある。

二〇一七年、アメリカのシカゴの空港でもシムカードを挿れようと思った。カナダのトロントからの飛行機がついたターミナルには、シムカードを販売するブースがなかった。ひょっとしたら、アジアやヨーロッパからの飛行機が着くターミナルなら……と移動してみた。しかしそれらしきブースがない。ツーリスト・インフォメーションで訊いてみた。

「あの柱の裏に自動販売機がある。そこで買ってください」

シニアボランティアらしき男性が教えてくれた。しかしその自動販売機の前で、しばらく考え込んでしまった。まず高かった。一枚六十ドルもする。そして自動販売機で買うということは、自分で挿入しなくてはならない。その後、面倒な設定があるかもしれない。うまくできるだろうか。それができなければ六十ドルが消えてしまう。アジアやロシアは千円以下の料金である上に、スタッフが挿入後の登録までやってくれる。接続できないということがないのだ。しかし、アメリカは……。

しかし買ってみるしかない。機械のボタンを押し、クレジットカードをスライドさせる。

すると、コトッという音がして、ケースに入ったシムカードが出てきた。それを手に、ツーリスト・インフォメーションに向かった。カウンターの隅に立ち、シルバーボランティアの老人に、

（わからないことがあったら教えてね）

という目配せを送る。すると老人は、僕の視線を避けようとする。どうもそんな旅行者が多いらしい。老人はシムカードの設定には詳しくないようだった。

たしかに面倒だった。まず、シカゴ空港のＷｉ‐Ｆｉに接続しなくてはならない。そしてパスポートの情報に続いて、日本の住所や電話番号、メールアドレスなどを入力していく。クレジットカードの情報も必要だった。幸い、そのときはカメラマンが同行していた。彼と相談しながら、根気よく進める。いろいろな質問が次々に現れる。適当に答を打ち込んで、先に進んでいく。三十分ほどかかってなんとか最後までたどり着き、送信する。

「……？」

「つながらない」

「どうしてだろうか」

頭を冷やすために、ターミナルを出てみた。タクシーやバスが次々に停車する。ベンチに座り、その光景を眺めていた。

すると、

「プン」

という音がスマホから聞こえてきた。見るとWiFiマークが現れていた。

「やった！」

体の力が抜けていくような安堵感があった。

ウラジオストク空港。この空港から入国するとき、日本人はビザがいらなくなった

シムフリースマホ、ミャンマーで大活躍

シムカードの販売がはじまった頃、その登録はなかなかやっかいだった。アジアでは、通信会社のスタッフがやってくれたが、なかなかつながらず、日本の携帯電話の番号を訊かれたり、住所をアルファベットで書いてくれといわれたこともあった。そのうちに急に簡単になったが、そのときバンコクでは名称が変わった。単なるシムカードからツーリストシムというようになった。おそらく旅行者に限って登録が簡素化されたのではないかと思う。その頃から、世界の空港でのシムカードが広まっていった。世界的にルールが変わったのかもしれなかった。

世界はここまで進んでいる。そしてその前提になるのが、シムカードを出したり、挿れたりすることが可能なスマホだった。シムフリーのスマホをもっていなければそのスタート地点に立つことができなかった。

日本でもシムフリーのスマホが売られていないわけではない。しかしその機種にしよう

とすると、やはり高い。通信会社によっては、一定期間使用すれば、シムフリーの機種に替えることができるという条件をつけているところもあるという。

シムフリーの機種でなくても、日本にいる限りはなんの問題もない。しかし一歩、海外に出ると、そのスマホはW-i-F-i電波が飛んでいるエリアでしか、インターネットに接続できなくなってしまう。

なぜ、日本ではシムフリーが標準システムになっていないのか。それは通信会社の問題である。シムフリーにしてしまうと、国内、海外を問わず、さまざまな会社が参入し、利益を脅かされてしまうからだ。そのなかで、日本のシムフリー化は、意図的に遅らされているわけだ。

僕はそんな状況をなんとかしようと、シムフリーのスマホに走ったわけではない。多くの日本人と同様、シムフリーと縁がない世界を生きていた。

海外でインターネットに接続するためには、W-i-F-iが頼みだった。昔はまだセキュリティが甘く、どこの会社か家なのかわからないところから流れる電波をよく拾っていた。野良電波といわれるものだ。しばし訪ねるバンコクでは、野良電波をキャッチできるポイントをいくつも覚えていた。そこはビルの入口や歩道の上だったりした。

夜、人通りも少なくなった歩道に立ち、スマホをのぞいたり、パソコンを開く姿は、相当に不審だった気がする。

ところがある日、タイ在住の日本人から、アイフォンを安く譲ってもらった。タイは日本とはスマホの販売システムが違う。日本はスマホ本体の代金を月々の支払いに分散させることが多いが、タイは本体そのものを買う。その代わり、月々の支払いは通信費だけになる。その結果、新しい機種を買うと、古いスマホは無用になってしまう。それを安く売ってもらったのだ。

僕はインターネットの世界に詳しいわけではない。ホテルに入り、Wi-Fiがうまく接続しないときなど、いったいどうしたらいいのかわからなくなる。原理がわかっていないから、手段が思いつかない。

そんなレベルなのだが、はじめてシムカードを挿れ、その場でインターネットにつながったときは、

「ほーッ」

と思わず声が出てしまった。シムカードの抜き方すら知らなかったというのに、僕のスマホは突然、その国のどこにいてもインターネットにつながっている状態になったのだ。スマホにシムカードを挿れると、スマホは携帯用の電波を拾う。それを変換する。Wi-Fiとつながっているときと同じ状態になってしまうのだ。

街を歩いているときもつながっていた。列車やバスに乗っているときも、携帯用の電波さえキャッチすればよかった。日本にいるときと同じ状態になったわけだ。

ラインやバイバーをインストールすれば、路上にいながら、日本にいる知人と電話をすることができた。インターネット通信の電話だから料金もかからない。

いま自分がどこにいて、どの方向に歩いているのか……。グーグルマップを開けばわかってくる。

ミャンマーでは大活躍した。ミャンマーの列車は、車内放送がない。途中の駅で降りるときは注意していなくてはならない。駅の表示もミャンマー語しかないことも珍しくない。そんなとき、スマホでグーグルマップを開く。自分がいる場所を示す青い点が少しずつ移動していく。しだいに駅に近づいていく。降りる駅を間違えずにすむのだ。もっともミャンマーは、携帯用の電波がまったくないところも珍しくない。そんな区間を列車が走っているときはお手あげなのだが。

日本と同じ状態になっているわけだから、日本語で入力すれば検索もできる。知らない街に着き、ホテルを探すときも、街の名前の先にホテルと打ち込み、「検索」ボタンを押せばホテルサイトや泊まった人のブログなどがぞろぞろ出てくる。それらはときに鬱陶しく、間違った情報に振りまわされることも多いが、なにも情報がないシーンに比べれば、かなり効率よくホテルを探すことができる。

バスの切符を買うときや、現地の三輪タクシーに乗るときなど、国によっては、なかなか地名が伝わらないときがある。地図に書かれているアルファベットや漢字を読んでも発音が違い、なかなかわかってもらえないのだ。そんなとき、現地の文字を出せば、誰でもわかってくれる。とくに田舎に行ったときは重宝する。翻訳機能を使えば、会話を助けてくれることもある。インターネットはどの世界でも、とても完全とはいいがたいが、補助的な手段としてはかなり使うことができると思う。

二〇一七年、ミャンマーの列車に乗り続けていた。首都のネピドーに一泊し、翌日、マグウェまで列車に乗るつもりだった。ミャンマーの列車は朝早い。ホテルからネピドー駅までバイクタクシーに乗ると、若いドライバーが訊いてきた。

「列車はどこまで乗るんですか？」

「マグウェ」

と返したが、どうにも伝わらないようだった。

「マグウェですよ。マグウェ。エーヤワディー川に面した」

マグウェはそれほど小さな街ではない。なぜ通じないのだろうか。どうも発音が違うらしい。バイクが駅に着いた。僕は英語版の地図をもっていた。それを聞いて、マグウェの街を指差した。若いバイクタクシーの運転手はそれを読み、こういった。

「マグウェね」

「だからマグウェっていっているじゃない」

こういうときがいちばん困る。僕の耳にはマグウェと聞こえるのだ。しかしマグウェというと通じない。微妙に違うことはわかっているが、どの音が違うのかがわからない。

（これは難航するかもしれない）

これから窓口で買わなければならない切符のことを考えていた。スマホをとりだした。マグウェと打ち込んだ。マグウェを説明するウィキペディアやトリップアドバイザー、ホテルサイトやブログが出てくる。こういうときはウィキペディアがいちばんいい。ミャンマーの文字の表記があることが多いからだ。ほかのサイトは、カタカナやアルファベットになってしまう。

ウィキペディアにマグウェ地方域という項目があった。それをタップすると、ミャンマー語が出てきた。窓口でマグウェと伝えた。スマホの画面を差しだし

ミャンマーのネピドー駅。おそらくミャンマーでいちばん近代的な駅

た。最初、駅員の視線は宙を舞っていたが、スマホを見てわかったようだった。ミャンマー文字を読んだのだ。

もうWi-Fiに頼る時代は終わり？

やはりネットにつながったスマホは楽だと思う。

シニアの旅行者のなかには、スマホやインターネットの世界を極端に嫌う人がいる。そんなものの力を借りなくても旅はできるものだ……と。その通りだ。便利だといわれるさまざまなグッズなどなくても、最終的にはわかってもらえる。しかしそこにたどり着くのにそこそこ時間もかかる。体力も使う。それを考えれば、スマホで簡単に行き先や、こちらの意図を伝えることができたら……やはり楽だと思う。

長い旅を経験した人は、痛感しているはずだが、旅には精神的な揺れがある。気分がいい朝もあれば、落ち込んでいるときもある。体調が左右していることが多いが、ぼられて冷静さを欠いているときもある。

しかし旅というものは、こちらの精神状態におかまいなく進んで行くものだ。気力が充実していれば、うまくいかないコミュニケーションも乗り越えていくが、沈んでしまっていると、思わぬミスを犯してしまう。そんなときも、インターネットにつながったスマホは助けてくれる。そんなツールは、迷わずに使ったほうがいい気がする。

W・i-F・iをめぐる環境も変わってきている。海外の人々がもつスマホはシムフリーである。旅に出る前や、到着した空港で、その国で使うことができるシムカードを挿れる人は多数派だ。

彼らにしたらホテルやカフェなどのW・i-F・iは必要なくなってきている。バンコクのある中級ホテルのオーナーはこんなことをいっていた。

「昔、よく泊まっている方から苦情をもらいました。W・i-F・iがつながらないとか、電波が弱いとか。わかってはいるんですが、うちのような古い建物で、W・i-F・iを完璧にすることはなかなか難しいんです。回線は壁のなかを通っているから、本格的な工事になってしまう。かなりの出費を覚悟しなくちゃいけないんです。どうしようかと悩んでいた時期もあります。で、工事をした？ いえ、なにもしてません。直すのをやめました。というのも、ここ一、二年、まったく苦情がないんです。ぴたっと止まってしまった。Wi-Fiの環境は変わっていません。機械も古くなっている気がします。おそらく外国人旅行者のほとんどは、空港でシムカードを挿れているんだと思います。そうすればWi-Fiは必要ありませんからね。やっと心配ごとがひとつ減ったっていう気持ちですよ」

この傾向は世界的に起きている。もうWi-Fiに頼る時代は終わりつつあるのだ。

日本では外国人観光客が増えている。オリンピックに向けて、さまざまな分野で整備が進んでいる。そのなかにWi-Fiも含まれている。

オリンピックの年、東京をはじめとする日本各地では、かなり優れたWi-Fi環境ができあがっている気がする。日本とはそういう国だ。決まったことはきちんとクリアしていく。しかしオリンピックに参加するアスリートや関係者、そして観光客たちは、どれほどWi-Fiを使うのだろうかと思う。

シムカードを介在させたインターネットはさらに機能を高めているだろう。パソコンにしても、スマホをＷｉＦｉの発信機にすれば使うことができるテザリングという機能がスマホには備わっている。となると、ますますＷｉＦｉは必要なくなってきてしまう。日本のＷｉＦｉを整備するぐらいなら、その費用をほかにまわした方がいいように思えてならない。

スマホをグローバルスタンダードにあわせる

二〇一七年の六月、タイのある会社からモニターの依頼を受けた。それはスカイベリーという会社のルーターだった。なんでも世界九十カ国以上で使うことができるのだという。ルーターという機械は、携帯用の電波を受信し、それをＷｉＦｉ電波に変えるものだと理解している。シムカードを入れたスマホも同じような機能を持つが、それを専用で受けもってくれるもののようだ。この理解が正しいのかよくわからないが。

日本の空港にも、海外で使うことができるルーターのレンタルオフィスがあり、何回か使ったことがある。主に韓国に行ったときだった。

韓国にもシムカードがあることは知っていた。なんでもコンビニで売っているのだという。使った人の報告を読むと、パスポートのコピーを写真に撮り、それを送信して登録するなど、手続きが面倒だった。

そこでルーターを使うことにした。はじめて使ったときは、ソウルの仁川国際空港でレンタルした。ルーターにパスワードが記されていて、それを入力すると、スマホがインターネットにつながった。そうなるとスマホは日本と同じ状態になった。このルーターをいつももち歩いていればいいわけだ。

ルーターは国単位にわかれていた。仮にマレーシアとシンガポールをまわるとすると、二個のルーターを借りなくてはならなくなる。

モニターを打診されたルーターは、同じルーターを九十カ国で使うことができるようにした機械だった。

バンコクでルーターを受けとった。さっそく使ってみた。そこから日本に帰国した。タ

タイとカンボジアの国境。タイ側のバーンハートレック。ソーンテオは国境が終点

イでも日本でも、簡単につながった。続いて香港とシンガポールをまわり、タイから陸路でカンボジアに向かった。どの国でもルーターは携帯電波を受信し、Wi-Fi電波を発信してくれた。

タイからカンボジアへたどった陸路はこんなルートだった。バンコクのエカマイというバスターミナルから、トラート行きの夜行バスに乗った。朝の五時にトラートのバスターミナルに着き、そこからソーンテオと呼ばれるトラックを改造したバスの座席に座った。到着したのは、ようやく明るくなりはじめたバーンハートレックという町だった。ここが国境だった。

ゲート脇の雑貨屋の店先でコーヒーを飲み、タイのイミグレーションで出国スタンプを捺してもらった。そこからカンボジア側のゲートまで二、三百メートル。とぼとぼ歩きながらルーターを見た。まだタイの電波を拾っていた。

カンボジアに入った。ゲートを通り、ビザオフィスの前に立った。カンボジアはビザが必要な国だが、空港や国境で到着ビザをとることができた。ビザオフィスの窓口には、朝六時から夜の十時までとビザを受けつける時間が書いてあった。時計を見た。六時十分だった。しかし窓越しにのぞくとオフィスのなかには誰もいなかった。ぼんやり立っていると、タクシードライバーがやってきた。

「七時まで誰もこないよ」

英語でそう教えてくれた。

(待つしかないか……)

スマホをとりだしてみた。

Ｗｉ-Ｆｉの電波を受信していた。表示はタイのそれとは違う。カンボジアの携帯用の電波を受信していたのだ。

つい画面を見つめてしまった。

カンボジア側の国境の町はチャムイエムといった。道に沿って商店が続く宿場町のような眺めだった。看板を眺めても、シムカードの店はないようだった。この国境を通る外国人はそう多くないのだろう。空港とは違うのだ。この町でカンボジアのシムカードを挿れることができなくても、このルーターがあれば問題はなかった。

世界九十カ国で使うことができるルーターはすでにレンタルがはじまっている。これがあれば、国ごとにルーターを借りる必要もなくなる。これから行こうと思っている中央アジアではこのルーターは使えないようだが、それも時間の問題かもしれない。

同じことが、シムカードの世界でも起きはじめている。一枚のシムカードを入れておけば、世界の多くの国でインターネットに接続できる環境に近づいている。そうなればルーターをもち歩く必要もなくなる。そのためにはシムフリーのスマホが必要になってくる。

海外に旅に出る若者が減ってきているという。その一因は、日本のスマホ事情のようにも思う。若者のなかには、いつもラインがつながっていないと不安になるタイプがいるという。シムフリーではないスマホで、インターネットと接続するには、Wi-Fi電波を受信できるホテルやカフェにいるしかないのだ。

海外に出て、街にも出ずホテルにこもっているしかない？　それは旅ではない。そんな環境なら旅に出るのはやめようという若者もいる。スマホがシムフリー化していたらその問題は解決される。

スマホをグローバルスタンダードにあわせるということは、楽な旅に近づけてくれる。

あとがき

少しはひとりで海外への旅に出る不安が減ってきただろうか。本書は旅に出たいという思いの前で邪魔をしている垣根を、ひょいと飛び越えるための踏み台になればいいと思っている。

ひとり旅はそれほど大変なことではないという思いがある。そんなことをいっていると、やがて墓穴を掘ることになるかもしれないが、妙な自信だけはある。

では旅に出る前に、なんの不安もないかといわれれば、心配ごとは山ほどある。タイのバンコクには、毎月のように滞在しているが、空港に着いたときの緊張は、二十代の頃、はじめてタイの土を踏んだときとあまり変わらない。こんな小心な旅行者でいられるかぎり、ひとり旅はなんとか続けることができる気がしているのだ。

時間の余裕もできたシニアの人々が、ひとりで飛行機に乗ってみたいという旅心の足を引っ張るものは、これまでの海外旅行ではないかと思う。しっかりと働いていた人にとって、休暇をつくり旅に出ることは大変なことだった。しかしやはり旅の空を見てみたい。そんな旅はどうしても欲張り旅になってしまう。訪ねたい場所が多すぎるのだ。そんなとき、パッケージツアーは好都合だ。人気の観光地をコンパクトにまとめてくれている。

しかしパッケージツアーに参加すると、やはりこういう旅は……と思ってしまう。そこでひとり旅を考えるのだが、それは恐ろしいほど非効率な旅だ。日本での日々と密度が折り合わないのだ。

白髪が目立つ年齢になってからの旅は、これまでの時間感覚を鈍化させていくことのように思う。本書のなかには、「旅先で休む」とか「折れない旅」など、タイトな旅の感覚とは違ったテンションの言葉がみつかるはずだ。それは僕なりに、どうしたら、のんびり旅に移っていくことができるかのキーワードを書き込んできたつもりだ。

実はそんな旅のノウハウは、バックパッカーのスタイルでもある。バックパッカーの旅というと、重いザックを背負い、がつがつと先に進んでいくようなイメージがある。しかしそれは、バックパッカー旅のほんの一部にすぎない。彼らは自由な時間を手にしているわけだから、もう、人にはいえないぐらい旅先で休んでいる。僕もそういうタイプの旅人である。バックパッカーは、そんな旅をおくびにもださない人が多いが、それは、「大変な旅をしてきた」とわかってほしいという代償行為にすぎない。長い期間、そんなに頑張って旅を続けることはできないのだ。

旅というものは、内容がぎっしり詰まり、たくさんの場所をまわることが「いい旅」と思われがちだが、それは忙しく日々をすごしている人の延長にある旅だと思っていい。旅のテンションをさげていく。それは視力というものにも似ている。

僕は六十歳をすぎているから、老眼が進んでいる。飛行機やバスに乗るとき、指定座席の番号が読みにくいことが多い。その都度、老眼鏡を出すのも煩雑だから、遠近両用の眼鏡をかけている。しかし老眼が進んでいるから、一年もたつと焦点が合わなくなる。

先日、眼科医に出向き、視力を測ってもらったのだが、そのとき医師からこういわれた。

「老眼は視力に合わせて、近視のほうは少し弱くしたほうが疲れませんよ。遠くが見えにくくなりますが、六十歳をすぎたら、そんなに遠くが見えなくてもいいでしょ」

なんだか寂しい話だったが、年をとるということは、遠くがはっきり見えなくてもいいということらしい。

旅も似ている。若い頃は遠くを見て判断しないと納得しないようなところがある。しかし人生の経験というものは、遠くが少々見えなくてもその空気が読めるようになってくる。きっとそういう旅を身につけていくことのような気がする。

ここ半年ほど、僕は名古屋の中日新聞が主催する講座を受けもっていた。受講者の多くは、シニアと呼ばれる年齢層である。講座の途中、今後、どんな話を聞きたいかというアンケートをとったところ、「特定のエリアの旅情報より、旅のテクニックを聞きたい」という方がいちばん多かった。

そんな人は、若い頃の旅から年相応の旅に移っていく前で足踏みをしているような気がする。若いときのような体力はない。しかし時間と金銭的な余裕は少しある。だからといって、豪華旅はしたくない。現地の生活に寄り添うような旅をしてみたい。

そんな人たちに、本書を読んでいただけたらと思っている。旅がちな人生を送ってきた僕だから、少し過激にも映るかもしれない内容もあるが、バックパッカー風の旅のなかに、年相応の旅が潜んでいるとも思うのだ。

本来の意味の旅というものは、実はシニア向けの旅ではないかとも思っている。旅とは人生が投影するものだ。それが隠し味になって、旅に彩りを添えてくれる。すぐにネット情報に頼る世代には真似できない特権の旅。そんな思いのなかで本書を書き進めてきた。

出版にあたり、産業編集センターの佐々木勇志氏のお世話になった。

二〇一八年四月　　下川裕治

下川裕治（しもかわ・ゆうじ）

1954年（昭和29）長野県生まれ。ノンフィクション、旅行作家。慶応義塾大学卒業後、新聞社勤務を経てフリーに。『12万円で世界を歩く』（朝日新聞社）でデビューし、以後、アジアを主なフィールドにバックパッカースタイルで旅を続け、次々と著作を発表している。『東南アジア全鉄道制覇の旅』（双葉文庫）、『週末ちょっとディープな台湾旅』『週末ちょっとディープなベトナ旅』（朝日新聞出版）など著書多数。

わたしの旅ブックス

002

旅がグンと楽になる7つの極意

2018年4月30日　第1刷発行

著者——下川裕治

ブックデザイン——マツダオフィス

DTP——ISSHIKI

編集——佐々木勇志（産業編集センター）

発行所——株式会社産業編集センター

〒112-0011

東京都文京区千石4-39-11

TEL 03-5395-6133　FAX 03-5395-5320

http://www.shc.co.jp/book

印刷・製本——株式会社シナノパブリッシングプレス

ISBN978-4-86311-188-2　C0026